ミャンマーとタイで
ブッダ直系の出家修行をした
心理学者の心の軌跡

ブッダの瞑想修行

石川勇一

行者／相模女子大学教授
公認心理師／臨床心理士

目次

第2部――タイ短期出家編

附録――ブッダの教えを正しく理解するための基本用語解説

カバーデザイン：幡野元朗／本文デザイン・ＤＴＰ：鰹谷英利／校正：Ｋ２バード

はじめに

今日のほとんどの日本人にとっては、出家して修行をするということは、まだまだ馴染みのないことであるに違いありません。仏教に多少の関心を持っている方であったとしても、自分とは関係のない異世界の出来事であると捉えている方が多いでしょう。ましてや、仏教に関心のない人からすれば、出家修行はまったく意味不明のことでしかないでしょう。

本書では、仏教とは無縁の日本の家庭で生まれ育ち、日本で仕事や生活をしてきた中年男性の私が、ミャンマーとタイで僧侶となり、それぞれおよそ三カ月間ほどの短期出家修行をした体験を紹介したいと思います。出家をする可能性がない人にとっても、本来の仏教の修行者はどのような生活をして、どのような修行を行い、どのような利益（効果、あるいは果報）があるのかを知ることは、意味のないことではないでしょう。世俗を生きる上でも大いに参考になると思います。出家修行者の生活というのは、人間にとってもっとも正しい生活をとことん追求した理想型の生活のひとつであると思われるからです。世俗の生活においても、出家生活の一部分をできる範囲で取り入れるだけでも、非常に有意義だと確信します。

実際私は、今は還俗した世俗の人間として日本で生活しており、出家修行は過去の出来事となりましたが、それでも出家修行の体験は日々の生活に広く影響が及んでいます。在家者でありながら、出家生活をたびたび思い出し、出家的な生き方を探し求めて、試行錯誤しているのです。タイ編、ミャンマー編それぞれの終わりで、出家の影響が及んだ還俗後の体験についても少し紹介させていただきます。

私の体験は、すでにブッダの正しい法（ダンマ：真理、法則、教えという意味）を聞き、これこそが生きる道だと心が定まり、実際に出家修行をしたいと考えている方にも、ほんの一例にすぎませんが、参考になることがあるかもしれません。何事もそうですが、十分に情報を集め、熟慮を重ねた上でしっかり準備をしたほうが、成功の確率は高まります。出家においても十分な知識、熟慮、準備がないままに、勢いだけで行動すると、出家後に後悔したり、行き詰まる可能性が高いのです。

それから、私は臨床心理学を専門とする心理学者であり、四半世紀以上人々の心の相談にのってきた心理療法家でもあります。臨床心理学者も、心理療法家も、心の内面をよく見つめることが欠かせない仕事です。ですので、私自身の短期出家に至るまでの心理的な過程、出家修行中の心理的変化、還俗後の心理的な影響について、つねに注意深く内省し観察し続けてきました。本書では、読者の皆さまの参考になりそうな私の心の変化についても紹介させていただきたいと思います。出家修行によってどのように心が変化するのか、一つの事例として、参考になるのではないかと思います。心の成長と浄化こそ、修行のもっとも中核的な利益です。ですから、私のような心理学者でなくても、正しい修行をする人は皆、自らの心によく気づき、心を観察し、心をよく知ることが欠かせない重要な課題なのです。

ブッダの教えに従って実際に出家して修行するということがいったいどういうことなのか、その修行は心になにを引き起こし、どのような利益があるのか、本書を通じて読者の方々にその一端でも伝われば幸いです。ブッダ直伝の修行法には、どのようにしたらよいのか、どのようにしたら幸せになるのか、どのように生きたら苦しみを根本的に解決できるのか、というもっとも根源的な問いに対する重要なヒントが数多くちりばめられています。今から約二五〇〇年前にゴータマ・ブッダが示した修行の道は、決して古くさいものではなく、現代でも十分通用するものであり、むしろ情報やテクノロジーが溢れかえる爛熟の時代に、よりいっそう光を放っています。現代の心理学や、さまざまな宗教、あるいはスピリチュアルな教え、所謂マインドフルネス瞑想では決して得ることのできない、苦しみを乗り越えるもっとも確かな道がブッダの瞑想修行にはあることを見い出せるのです。本書を読んでそうかもしれないと思われた方は、自らブッダの瞑想修行に正しく打ち込んでみれば、それが本当であるかどうか、ハッキリと確かめることができるでしょう。そのような実体験にもとづいた小さな覚りの積み重ねに勝る宝は他にありません。これこそが本物の智慧《ちえ》となるのです。

読者の皆さまが幸せでありますように。ブッダの説かれた法（ダンマ）を正しく理解するための導きとなりますように。ブッダ直伝の瞑想法を正しく実践する人には、その威力を感じ取り、無上の安らぎを得て、覚りの果報を受け取ることができるでしょう。

合掌

二〇二三年七月一日　山中湖村 法喜楽堂にて

石川勇一

第1部

ミャンマー短期出家編

第1話——日本にて　〜ダンマとの出会いから出国まで

1　出家の端緒：ダンマとの出会い

私がはじめてブッダの正法《しょうぼう》（ブッダの本当の教え。パーリ語で記された仏典の内容）を耳にしてから、ミャンマーの上座部仏教の僧院で衣を纏《まと》って修行を始めるまで、わずか三カ月ほどしかかかりませんでした。その成り行きは次のようなものでした。

二〇一三年の秋、知人からある会について教えられ、参加を勧められました。その会は、ミャンマーで修行を積んだ日本人の比丘が、ブッダの説いた法（ダンマ dhamma：真理、法則、教えなどの意味）について語り、瞑想指導も行うという内容でした。私はとくに深く考えることもなく、なにかを期待することもなく、勧めに従ってふらっとひとりで参加してみました。ところが、実際に参加して比丘が語る法の話を聴くと、予想外の衝撃に襲われたのです。「これは、これまで聞いたことのない、最高の真理が語られている」と思いました。雷に打たれたような一撃だったのです。それは頭の表面での観念的な理解にとどまらず、全心身に響き渡りました。比丘は落ち着いた様子で語っていましたが、私には文字どおり光輝いて見えたのです。と同時に、比丘はどこまでも理路整然と話されていましたので、直観的、感覚的に受け止めただけではなく、理性的に内容をひとつひとつ確かめながら理解していきました。

私はそれまでにも、日本の大乗仏教の話ならば断片的にいろいろなところで触れる機会はありました。しかし、どれを聞いてもつかみどころがなく、モヤがかかったような印象で、すっきりと腑に落ちたことは一度もありませんでした。そのため、仏教に本格的な関心を抱くことはなかったのです。しかし、このミャンマーで修行した比丘の語る、ブッダが本当に語ったとする内容を聴くと、大切なことを煙に巻かずに明解な答えがはっきりとあり、いちいち納得し、すっと腹に落ちたのです。「ああ、やはりこの宇宙に理法は存在した！　ブッダが本当に説いたことこそ、私がずっと求めていた真理だ。今、ようやくそれに出会えたのだ」、そう思って私はひどく感激し、心の底から喜びが湧き上がってきたのです。正しい法に触れたことを確信した私は、それから毎週比丘のもとに通い、熱心に法を聴き、瞑想を行い、毎回深い喜びに満たされました。

すぐに原始仏典（パーリ聖典を日本語に翻訳した仏典）を入手して、食い入るように読みました。乾いたスポンジが水を吸い取るがごとく、飢え乾いた人がコップの水を飲み干すように、私はダンマをぐんぐんと吸収していきました。比丘の話を聴いても、原始仏典を読んでも、「これは本当のことだ」とすっと心に染み込み、歓喜が生じました。自分の心にこれほどまでに気持ちのよい歓喜が生じることはそれまでなかったので、驚きをもって歓喜の生起を観察していました。「このような喜びが中年になって訪れるとは、なんと不思議でありがたいことだろうか、なんと幸せなことだろうか」と思いました。青年期にも、本を読んで深い感銘を受け、視界が開けたような気分を味わったことは何度かありましたが、これほどの歓喜が湧いたことは一度もありません。宗教、哲学、文学、心理学、霊性の本など、多くの読書をしてきた私ですが、ブッダが説かれたダンマに匹敵する内容はどこにもなかったのです。

このように、ダンマに触れると私の心は明るく活性化され、喜びが湧き、安心して安定します。この文章を書いている今、当時から十年近くが経過しているのですが、今でもこの反応は変わることがありません。飽きっぽい気性の私には不思議としかいいようがありません。しかし、このように真理に敏感に反応し、喜びを感じられる心の持ち主であることは、幸せなことであり、誇りに思っています。そして、ダンマの理解とそれによる歓喜は、心身を活性化し、明るく柔軟にしてくれるので、瞑想の上達にも直結するのです。

2　三段階の智慧

ダンマの理解が深まり、瞑想も進展してきたところで、私はもっと本格的に修行をしたいという思いが募ってくるようになりました。このような思いは、次のようなブッダの三段階の智慧の教え（聞思修《もんししゅ》の三慧《さんえ》）に照らしても妥当なことです。

ダンマは頭で理解しただけでも大変な利益があります。生きることは苦しみであること。その苦しみの原因は自らの煩悩の群れにあること。煩悩を滅して苦しみを完全に終わらせた覚りの境地があること。そしてブッダは実際にその涅槃に到達したということ。さらに涅槃に至る具体的な道があり、それが隠されることなくすべて明示されたということ。それが原始仏典にはっきりと書かれていること。この事実を知るだけでも、迷いの中にいる凡夫（真理を覚っていない凡庸な人）の視界は開け、希望の道筋が見えはじめるのです。さらに、業と業果、縁起、無常、苦、無我という法（ダンマ）を理解すれば、宇宙と生命のもっとも重要な普遍的法則を理解しはじめます。このような第一の段階の智慧を聞慧《もんえ》（スタマヤ・パンニャー sutamaya paññā）といいます。

しかし、聞慧ではまだダンマの表面的な部分しか理解できていません。ダンマを記憶して、心に留め（サティ sati）、ダンマについて熟考することが必要なのです。ダンマを熟考することにより、さまざまな誤ったものの見方を誤っていると気づき、妄想が打破され、次第に正しい見解を持つようになります。正しい見解が身につくと、それによって正しい思考をするようになります。正しい思考ができるようになると、それに基づいた正しい言葉を使えるようになります。このように宇宙の理法に則った正しい見解、正しい思考、正しい言葉が身についてくると、心が整理されてスッキリしてきます。ダンマについて語ったり論じたり説明したりすることもできるようになり、ダンマに沿った判断をすることができるようになります。このようにして得られた第二段階の智慧を思慧《しえ》（チンターマヤ・パンニャー cintāmaya paññā）といいます。

しかし思慧の段階ではまだ、ダンマの真価を知り尽くしたとはいえません。ダンマの理解が表層意識にとどまっており、無意識の世界ではまだ煩悩が主導権を握り続けたままだからです。頭では分かっていても、心の大部分は煩悩に支配されたままなので、これまでの思考パターンや行動パターンを完全に変えることはできないのです。悪業《あくごう》（悪い行為）を減らすことはできても、やめられない悪業もまだ多く残っています。そのため、依然として苦しみから逃れることができないのです。

思慧によって正しい見解、思考、言葉が表面的にでも身についてきたら、次には、正しい行いを心がけ、正しい生活を行い、瞑想修行に熱心に励むことが必要になります。正しい瞑想を徹底的に行うことによって、気づきの精度が増し、心を統一することができるようになります。身体においても心においても、内側においても外側においても、粗大な世界においても微細な世界においても、長い時間においても刹那の瞬間においても、あらゆる宇宙の現象において、無常、苦、無我の法を観察することになり、心の全体でダンマを確認します。すると、観念や理論や概念ではないダンマそのものを直接に理解するようになります。こうして現れるのが三段階目の智慧である修慧《しゅえ》（バーヴァナーマヤ・パンニャー bhāvanāmaya paññā）です。修慧が現れると、心の深いところにまでダンマが浸透してきていますので、表面化する煩悩が弱まるだけでなく、潜在的な煩悩（アヌサヤ anusaya）もしだいに力を失い、減弱していきます。このようにして、私たちを輪廻に結びつけている結《けっ》（サンヨージャナ saṃyojana）と呼ばれる主要な煩悩が、智慧の段階が深まるとともに順に脱落していきます。これが智慧による解脱の道です。このように正しく仏道を修して、覚りの流れに入ると、預流果《よるか》、一来果《いちらいか》、不還果《ふげんか》、阿羅漢果《あらかんか》の順に証悟し、最終的な解脱に至り、苦しみは根絶されるのです。

ブッダの正法を聴いて深く感銘を受けた私は、三慧を順番に身につけていくために、すぐにでもブッダが教えた本格的な修行に専念し、一歩でも覚りへの道を進みたいと思うようになったのです。

3 なぜ私はダンマに一撃されたのか

さて、なぜ私はこのように即時にダンマに心を打たれ、引き込まれていったのでしょう。不思議に思われる方もいるかもしれません。一目惚れの恋愛のようなものだと想像されるかもしれません。恋心であれば陶酔の感情はいずれ醒《さ》めていきますが、ダンマの場合は学べば学ぶほど、修行すればするほど、心は諸々の迷妄から醒め、ダンマへの信頼は確信へと深まっていくのです。これは本当に不思議なことです。

どんな出来事も、必ず原因や、それを成り立たせる諸条件があります。これがブッダの発見した縁起の法です。私が正法によって心を一撃されて魅了されたもっとも根本的な因《いん》は、ブッダのダンマが生命の迷いの生存を永遠に終わらせるために必要な要件を備えていたことです。それを仏教では、究極で完全な真理、出世間法（ロークッタラ・ダンマ lokuttara dhamma）といいます。究極の真理であるダンマのエネルギーというのは、それを理解して受け止めることができると、すさまじい威力を発揮するのです。

私はさまざまなご縁が重なってダンマに出会い、それによって人生はもっとも重要な段階へと進むことができました。この出会いは今回の人生でこれからも影響を与え続けるだけではなく、涅槃に至るまで、転生を続ける限り影響を及ぼし続ける重要な仏縁であり、法縁となったのです。ですので、このご縁を与えてくれた方々には、どんなに感謝しても、し尽くせないのです。

4 長い遍歴

以上は、ダンマにたちまちに魅了されたことの私の外側の要因でしたが、私の内側に属する要因もたくさんあります。そのひとつは私の探究の遍歴にあります。私は青年期の頃から、暗闇の中で光を探すように、生きる道や真理を求めて求法を続けてきました。心理学を幅広く学び、心理療法家と臨床心理学者になりましたが、大学で教えられたり研究されている心理学には究極の答えがないことは学生の頃にすでに気づいていました。学生時代にヒンドゥー系の瞑想を体験し、当時は十分に言語化できませんでしたが、とてつもなく重要な鍵が瞑想にあることを直観的に感じ取りました。そのため、さまざまなところで瞑想を学び、バクティ・ヨーガやカルマ・ヨーガに励むなど、自分なりに実践していました。知的な探究としては、さまざまな宗教、哲学、霊性（スピリチュアリティ）、身体技法

（ソマティックス）を幅広く学び、これらを包括するようなトランスパーソナル心理学の研究に従事しました。

しかし知的な学習やワークショップ・レベルの実践では、どれだけこれを続けても究極の覚りには到達できないと感じるようになったのです。学問や研修の限界です。本格的な修行の実践をしなければ道は開けないと思うようになったちょうどそのとき、ご縁をいただいた修験道の行者に手ほどきを受け、熊野の険しい山で修行をすることになりました。およそ一〇㎞の獣道を日の出から毎日一人で礼拝《らいはい》して歩く回峰行《かいほうぎょう》をはじめとして、滝行、断食、瞑想などの修行を体験しました。この修行によって煩悩具足の軟弱な自己の自覚が深まると同時に、修行者の心構えと身体をつくることを学ばせていただきました。この修験道の師匠の導きによって、私はたんなる学者ではなく、真理を探究する「行者《ぎょうじゃ》」として生きることを決めたのです。

また、あるシャーマンと縁ができたことから、ブラジルに渡って奥アマゾンのジャングルでシャーマニズム体験をさせていただきました。そこでは、餓鬼界に転落して、自らの心の汚れに徹底的に直面して心の底からの懺悔《さんげ》をしたり、憑依・脱魂を体験して、天界の多くの化生《けしょう》たちと交流し、天界の宮殿などに導かれるという、非常に不思議な体験をしました。これらの修行の内容や体験とその心理学的な分析については、学術論文にまとめました（石川、二〇一二、二〇一六）。一般の方は、論文を分かりやすく書き直した拙著（石川勇一『修行の心理学：修験道、アマゾン・ネオ・シャーマニズム、そしてダンマへ』コスモス・ライブラリー、二〇一六年）でお読みいただけますので、関心のある方はご参照ください。（三〇三頁以降の参考文献参照）

さて、このような険しい山やジャングルでの修行によって、座学や文献研究では決して得ることのできないことを身をもって体験し、修行をする以前の自分とは別人になりました。人生の新しい扉が開かれ、確かな心の浄化と意識の拡大、心の成長がありました。しかしそれでも、私の修行の遍歴は止まりませんでした。もっと究極のものがあるはずだという無意識の思いに突き動かされていたのかもしれません。

5　遍歴によってダンマを理解する

このように、無手勝流ではありますが、かなり幅の広い、実践的な修行を含む探究を、その一部は学術的な研究として二〇年以上にわたって取り組んできたため、真理や修行に対するある程度の眼力は養われているつもりです。その蓄積があるため、ブッダが実際に説かれたダンマが、どの宗教、哲学、思想、霊的伝統、ソマティックスなどと比較しても、リ群を抜いた明晰さと深さを具えていることが、すぐに理解できたと思っています。パーリ聖典に書かれているブッダの言葉は、飾った言葉がなく、無駄な難解な概念をつくらず、神話を用いず、覚りに役立たない議論、呪術、儀式を慎重に退け、解脱に必要な修行法が注意深く選択され、曖昧ではない明晰な言葉で語られ、苦しみを滅して覚りにいたるために必要なことが余すことなく伝えられ、なにも秘密にすることなく具体的に明示され、聞く相手の力に応じた適切な内容が語られています。実際に修行をすると、ブッダの言葉のひとつひとつが細部まで驚くほど正確であることを確認することができます。私は長い遍歴の道を歩んできたため、ブッダの正法が別格のものであることを理解できました。そして、私の今までの遍歴は、私なりに一生懸命だったのですが、残念ながらお釈迦様の掌《てのひら》の一領域で右往左往していたにすぎないと分かり、脱力したのです。そして、今までの自分自身が可愛らしく見えてきました。と同時に、無上の解脱を達成し、私たちのために最勝の法を説かれたブッダに対する、深い崇敬と感謝の念がごく自然に湧いてきたのです。

このような、私の長い求法の遍歴が、ダンマに感銘を受けた内側の要因の一つです。遍歴があった分だけ、ダンマのありがたさが身にしみて分かり、明晰な理解が伴ったことはとても幸運なことでした。

6　短期出家の手続き

そして、これも巡り合わせなのですが、私はダンマに出会った頃、職場でサバティカルを取得中で、短期出家をするためのまとまった時間を確保することができたのです。サバティカルというのは、大学の教員に与えられる研究専念制度というもので、一定期間、学生への授業や職場の会議が免除され、各自の研究テーマの研究活動に専念することが許されるのです。私は心理療法と瞑想に関する研究を行っていましたので、出家修行こそ最高の瞑想研究であると考え、ミャンマーに行くための手続きを取ることができたのです。

ミャンマーと並ぶ仏教大国であるタイでは、企業勤めの方でも、短期出家したいと会社に申し出れば、大抵は認めてくれると聞きました。タイでは仏教に対する篤い信仰と信頼がありますし、仏道修行に対する国民的な理解があるからです。しかし、日本では仏教に対する篤い信仰や信頼があるとは言いがたいですし、まだまだ企業に縛られて働く文化が根強いですし、まして会社が仏道修行のためにまとまった期間の休みを許可するなどは考えにくいことです。私は幸運にも大学の教員であり、なおかつサバティカルの時期に重なったので短期出家できたのですが、会社勤めの方がミャンマーやタイで短期出家をするというのは、かなり敷居が高いのが現実でしょう。日本でも短期出家ができるような僧院や文化が形成できたらよいと思うのですが、そこに至るにはまだまだ数多くのハードルを越えなくてはなりません。

修行の縁起に恵まれた私は、チャンスは二度と来ないかもしれないと思い、今こそ修行に全力を注ぎたいと思いました。修験道の修行を七度経験したことや、奥アマゾンのジャングルでシャーマニズム修行をした経験があったおかげで、僧院での修行の実践に飛び込むことに躊躇《ちゅうちょ》はありませんでした。知的な学びと実際の修行とではまったく異なる成果が望めることも経験的によく理解していました。

早速、ダンマを教えていただいた比丘に短期出家をしたいと相談をして、ミャンマーの僧院への推薦状を書いてもらいました。その後、ミャンマーの僧院から短期出家修行受け入れの許可が得られたので、必要な書類を揃えてミャンマー大使館に向かい、宗教ビザを申請し、取得することができました。これであとは飛行機のチケットを取り、搭乗すればミャンマーに行くことができます。

7 出家の準備

ダンマを教えてくださった比丘からは、僧院での瞑想指導を的確に理解するために、重要な単語だけでもよいので、パーリ語を暗記するようにとアドバイスをいただきました。そこで、重要と思われるキーワードのパーリ語をカードにまとめて、記憶するようにしました。ダンマや修行について学ぶときには、日本語や英語の理解だと、翻訳語が安定していなかったり、日本語には存在しない語彙があるので、翻訳に頼ると意味を正確に理解できなかったり、誤解してしまう恐れがあります。ですので、仏法を的確に理解しようとするならば、必須とまではいえませんが、原始仏典で用いられているパーリ語をある程度修得することが望ましいのです。

私は、所属する学会の研究会で長年お世話になっていた仏教学者に何度もパーリ語の質問をしていたのですが、あるとき、なんと私のためにパーリ語速習講座を無料で開いてくださるとおっしゃられました。大変お忙しいことを知っていたのでとても恐縮したのですが、「石川先生のように本当に修行をしたいという人にパーリ語を教えられたら私も幸せです」と言ってくださったので、心から御礼を述べ、善意に甘えさせていただいて開講をお願いしました。パーリ語を学べる得難い機会ですので、私一人だけではもったいないと思い、仏教学者の先生にも了解をいただいて、関心のある人にも声をかけて、一緒にパーリ語の基礎の手ほどきを受けることができました。

そして二〇一四年一月、すべての手続きと準備が整い、ミャンマーに向けて出発しました。成田空港から離陸してまもなくすると、飛行機の窓からは、私の住む富士山麓の山中湖を綺麗に望むことができました。はじめて正法に出会ってから、わずか三カ月ほどで短期出家修行することになり、こうして日本を離れるとは夢にも思わなかったことです。再び山中湖に戻ってくるときは、どんな自分に生まれ変わっているのだろうかと思うと、予想のつかない旅に武者震いが起こりました。この三カ月は、人生でもっとも重要なことを濃縮して学ぶことができて、本当にありがたい期間であったことを振り返りました。正法を学んだ今、「ブッダが教えられた修行に全精力を傾けよう」と、これからの修行にあらためて静かに決意が固まっていきました。

ミャンマーに向かう機中から望む冠雪の富士山と右端に見える湖面が山中湖

第2話――ミャンマーにて　～僧院での出家修行のはじまり

8　ミャンマーに到着

成田を出発しておよそ八時間後、ミャンマーのヤンゴン国際空港に近づき、飛行機が高度を下げていきました。窓から無数に点在するパゴダ（仏塔）が見えてきます。ミャンマーは世界でもっとも上座部仏教の出家修行僧の多い国です。二〇一六年時点のデータによれば、ミャンマーの出家者数は約五二万人、僧院数が約六万五千、人口の約八〇～九〇パーセントが上座部仏教徒です（藏本、二〇一八）。このような伝統ある仏教大国で修行させていただけるご縁にあらためて感謝の思いが湧き上がってきました。あたかも、高校野球の選手が、憧れのメジャーリーグの球場でプレーするために渡米しているときのような気持ちでした。

ミャンマーに来るのははじめてだったので、空港から僧院に直行するのではなく、ヤンゴン市内のホテルに二泊滞在しました。まずミャンマーの街を歩いて、ミャンマーの人々や文化・風土を肌で感じてみたいと思い、二泊すれば丸一日は街で過ごせると思ったからです。日本語のできるミャンマー人のガイドを頼んで、主要な寺院やパゴダを案内してもらいました。どの寺院も靴を脱いで裸足で境内に入るようになっており、掃除がよくされていました。観光客は少数で、多くのミャンマー人が思い思いに参拝していました。仏像の前で地面に頭をつけて熱心に三拝する人、お経を唱えている人、瞑想をしている人などを至る所で見ることができました。境内では老人がのんびり散歩していたり、若い母親が赤ん坊に授乳していたり、若いカップルがお弁当を食べていたりと、地元の人々がリラックスできる憩いの場として寺院が親しまれていました。仏像やパゴダの前に置いてある賽銭箱は、透明なアクリル板でできていて中身がよく見えるものが多いのですが、どこもたくさんのお札で溢《あふ》れていました。多くの財施があると同時に、大金が見えても盗難されないだけの信仰心とモラルがミャンマー国民にあることが分かりました。このように、ミャンマーの街では寺院が市民の生活の一部としてよく溶け込んでおり、仏教に対する篤い信仰心があることを感じることができました。

ヤンゴンで宿泊したホテルの部屋からの風景

ヤンゴンの代名詞といばシュエダゴン・パゴダ（上）。境内は多くの市民が訪れるが静謐な空気が流れている（下）

ミャンマーではお寺の境内は真摯に三宝と自己に向き合う場。瞑想、礼拝、読経など、それぞれの形で時を過ごす

ミャンマーの仏像はすべて釈迦如来。右手を地に下ろしているのは降魔印（上）。
ヤンゴン市内チャウッターヂー・パゴダの寝釈迦仏は観光ガイドでも有名（下）

ヤンゴンは大都会で交通量も多いのですが、日本よりも日本車の割合が多いのではないかと思うくらい、日本車がたくさん走っていました。トラックやバスなどの商用中古車も多く、私の職場の近くを走っている神奈川中央交通の古いワンマンバスが、行き先も日本語で馴染みの駅名を表示したまま走っていて驚きました。

食事は外国人向けのレストランではなく、普通のミャンマー人が食べに行くところに行きたいとガイドに頼みました。毎回もっぱら屋台のような大衆的な店に案内してもらいました。食事をしながらガイドにミャンマーの実情を聞くと、街も生活もすごいスピードで変化していて、物価の上昇も激しく、ホテルの宿泊料金は一年で倍の料金になったりすると言っていました。当時のミャンマーは、およそ半世紀ほど続いていた軍事政権に終止符が打たれ、二〇一一年に民政移管が実現したばかりでした。アジア最後のフロンティアと呼ばれ、急激に欧米や日本の資本や人がどっと流れ込み、著しい経済発展に沸き立っていました。街は至る所で建築や改装が行われていて、活気に溢れていました。このように、二〇一四年当時は社会全体が発展に突き進んでいく雰囲気でしたので、このあと二〇二一年に軍事クーデターが起きて、歴史が逆行するとは思いもよらないことだったのです。人間の社会はまさに無常であり、苦しみが多く、無我（自分の思い通りにはならない）であることを実感します。

ヤンゴンの食堂

9　僧院に到着

ヤンゴンの街や人々のエネルギーを身体で感じ取った私は、翌日、いよいよ出家を受け入れてくださる僧院に向かいました。ヤンゴンから車で北に向かっておよそ一時間余りのモービという地域の森の中にある僧院です。正式名称は「パオ森林僧院モービ支部シュエティッサ僧院」、略してモービ僧院です。

僧院の看板の横を通り、立派な門をくぐると、なんともいえない緊張感が湧き上がり、身の引き締まる思いがしました。街のお寺とは異なり、人里から離れた森の中にあり、週末以外は参拝者もほとんどなく、もっぱら修行僧たちが修行に専念している僧院です。モービ僧院には、国際色豊かな百人以上の男女の修行者が在籍していますが、僧院内も静寂そのものでした。だれも無駄話などせず、瞑想修行に専念しているからです。僧院の空気は、街のそれとは明らかに異なっていました。

在家信者らしきミャンマー人の男性に出家修行の受け入れ許可証を見せると、受付の手続きをしてくださり、これからのことについて英語で簡単に説明してくださいました。出家してしまうとお金も含めて今、手元にある私有物をすべて手放してしまいます。そうなってしまうと布施ができなくなってしまうので、この段階で在家者として僧院に布施させていただきました。ミャンマーの通貨であるチャットに両替したお金と、僧侶たちに布施をする食材代を用意してきたので、それをお渡ししました。男性は金額を確かめると、領収書をくれましたが、そこには、「for nibbāna」と書いてありました。「あなたが涅槃に行くための布施を領収しました」という意味でしょう。ミャンマーでは布施に関するダンマが行き渡っているのだと思いました。

その後、しばらくして僧院の住職で瞑想指導をしておられるクムダ・セヤドー（Kumuda Sayadaw）が現れました。セヤドー（sayadaw）とはミャンマーの上座部仏教における長老に対する敬称です。セヤドーと挨拶を交わすと、寝泊まりするクティ（小屋）に行って、私物を片付けるように、そして髪を剃ったら出家式をしましょうと伝えてくださいました。そして他のミャンマー人の比丘が、私のクティまで案内してくれました。クティは森の中にあり、まだ比較的新しく、トイレと水道を合わせて一〇畳くらいの広さです。窓には虫よけの網が張ってあり、簡易なベッドは蚊帳になっていましたが、熱帯ですので、カエル、ヤモリ、アリ、蛾、蜘蛛、ゴキブリなどの多くの有情《うじょう》（命あるものという意味）たちとの共同生活になりました。

ヤンゴン郊外のモービ森林僧院の看板（上左）。モービ森林僧院の門（上右）。
クティ（外観）（下左）。クティ（内部）（下右）

10　剃髪

荷物を片付けていると、二人の比丘がカミソリを持ってやってきました。屋外で頭から水をかけ、石けんを塗って泡立てると、手際よく私の髪を剃ってくれました。一〇分もしないうちに、私は生まれてはじめてスキンヘッドになりました。あっけないものでしたが、髪の毛のない自分の顔を見ると、「だれなんだろうこれは」という不思議な感覚になりました。同時に、これからあらゆるものを手放して身軽になり、本当に私が出家修行者になるのだという実感が湧いてきました。その実感は、欲を手放さなければならない痛みと、欲から解放される解放感が入り交じったような感覚でした。

11　出家式

剃髪が済むと、すぐに出家式をしてくださいました。私は今回はじめての出家なので、いきなり比丘《びく》（bhikkhu、男性出家修行僧、もともと「乞食者」の意）になるのではなく、沙弥《しゃみ》（サーマネーラ sāmaṇera、見習い出家修行僧）として出家しました。比丘の場合は二二七の戒律を受戒しなければなりませんが、沙弥の場合は十戒であり、出家式も簡素なものでした。まずは在家者として出家を願い出て、いくつかの質問に答え、出家を認められると、戒を授かります。出家式で唱えた沙弥の十戒の言葉は次のとおりです。

パーナーティパーター　ウェーラマニー
Pāṇātipātā veramaṇī
（生きものを故意に殺しません）

アディンナーダーナー　ウェーラマニー
Adinnādānā veramaṇī
（与えられていないものをとりません）

アブラマチャリヤー　ウェーラマニー
Abrahmacariyā veramaṇī
（一切の性行為をしません）

ムサーワーダー　ウェーラマニー
Musāvādā veramaṇī
（嘘をつきません）

スラーメーラヤ　マッジャパマーダッターナー　ウェーラマニー
Surāmeraya majja-pamādaṭṭhānā veramaṇī
（穀物酒や果実酒などの酒類を飲みません）

ウィカーラ　ボージャナー　ウェーラマニー
Vikāla-bhojanā veramaṇī
（正午を過ぎたら食事をとりません）

ナッチャ　ギーター　ウァーディタ　ウィスーカ　ダッサナー　ウェーラマニー
Nacca-gītā-vādita-visūka-dassanā veramaṇī
（踊り、歌、演奏、観劇をしません）

マーラー　ガンダ　ウィレーパナ　ダーラナ　マンダナ　ウィブーサナッターナー
ウェーラマニー

Māla-gandha-vilepana-dhāraṇa-maṇḍana-vibhūsanaṭṭhānā veramaṇī

（花輪、香水、塗油によって身を飾りません）

ウッチャーサヤナ　マハーサヤナー　ウェーラマニー

Uccāsayana-mahāsayanā veramaṇī

（高い寝台や大きな寝台に寝ません）

ジャータルーパ　ラジャタ　パティッガハナー　ウェーラマニー

Jātarūpa-rajata-paṭiggahaṇā veramaṇī

（金、銀を受け取りません）

イマーニ　ダサ　シッカーパダーニ　サマーディヤーミ

Imāni dasa sikkhāpadāni samādiyāmi.

（私はこれら十の学処を受持します）

出家を願い出る（上左）。衣を着せてもらう（上右）。出家式で受戒する（中）。剃髪した自分を見る（下）

このように唱え、三拝して、受戒が完了です。このときは、「瞑想をやるぞ」という気持ちは強かったのですが、戒の重要性についてはあまり理解できていませんでした。しかし、後々、戒が修行において大きな役割を果たしていることに気づくようになります。

こうして得度し、衣を纏い、修行僧として生まれ変わりました。出家するということは、俗世間の人間としては死んだということなので、私の場合は短い期間に限られていますが、世俗的な欲求を満たすことは諦め、ひたすら涅槃に向かうための修行に専心しようとあらためて心に決めました。

12 僧院での生活（食事以外）

モービ僧院での日課は毎日次のとおりでした。日曜や休日はなく、毎日同じルーティンで修行を行います。

4時～5時　瞑想・勤行
5時～5時30分　お堂の掃除
5時30分～　　托鉢・食事

7時30分～9時30分　瞑想
10時～　食事
12時30分～14時　瞑想
14時30分～16時　瞑想
16時30分～17時　瞑想
17時～　お茶
18時～19時　勤行・瞑想
21時　就寝

日課に書かれている瞑想の時間は、シーマー・ホール（結界堂 Sīmā-geha）とよばれる大きなお堂の決められた場所に坐って瞑想します。

私のクティからシーマ・ホールまでは、ゆるやかな上り坂の山道を歩いて五分くらいの距離でした。一日六回シーマ・ホールで瞑想しますし、托鉢にも出かけますので、毎日草履でこの道を何往復もしました。朝や夜は真っ暗で街灯もないので、懐中電灯を忘れると動けなくなるので注意が必要です。当時のミャンマーは電力不足でたびたび停電がありましたので、クティにいても突然真暗闇になってしまうことがありました。

シーマー・ホール外観（上）。一人用の蚊帳に入って瞑想修行をする（中）。シーマー・ホール内部（下）

毎日長い時間坐って瞑想をしますので、この道を歩いたり掃除をすることは、筋肉をほぐす貴重な運動にもなりました。ミャンマーの一月と二月は乾期で、落ち葉が毎日たくさん落ちてくるので、休憩時間に竹箒で道を掃くことが多かったです。部屋の掃除もよい運動になりました。

衣の洗濯は、桶《おけ》に水を入れてジャブジャブとこするだけです。木と木の間に紐《ひも》を張って、そこに洗った衣を掛けておけば、毎日強い日差しと高温、乾燥の季節なので、一回瞑想している間にパリッと気持ちよく乾きます。雨は降らず、乾燥して土埃が多いので、何度か呼吸器をやられて、修行が停滞することがありました。マスクがあればよかったかもしれません。

出家をすると洋服や下着をつけることはできません。毎日エンジ色に染められた同じ衣を纏うだけです。選択の余地がないので、着るものに頭を使う必要がなく、とても楽です。ただし、はじめの頃は衣の着方が下手なので、手間取ることがありました。僧院内にいるときと僧院の外で托鉢するときでは衣の着方が異なるので、間違えないようにすることも大切です。

ミャンマーには入浴の習慣がないせいか、風呂はありませんでしたし、シャワーも給湯器もありませんでした。日中は気温が高いので水道水が温められてお湯しか出てきません。石けんを身体につけて手でさすり、桶に汲んだ水をかぶって流すだけですが、身体を清潔に保つにはこれで十分でした。定期的に髪を剃りますが、これは少し時間がかかります。とくに慣れないうちはけっこう大変でした。トイレはウォシュレットはもちろん、トイレットペーパーもありませんでした。水をつかって手でお尻を洗います。はじめは少し抵抗がありましたが、慣れると案外平気になりました。

インターネットの電波は来ていなかったので、出家中は一切ネットにつながりませんでした。雑誌や新聞もありませんので、世間の情報とは完全に隔絶されていました。これは集中的な瞑想修行にはとても大切な要素だったと思います。受ける刺激や情報が多ければ、心がそれに反応して動いてしまいますから、深い瞑想に入るためには妨げになります。とくにネットの情報量は非常に大きいので、ネット断食は重要です。

経典は持ち込んでいましたが、指導された瞑想の課題に専念していたので、ほとんど読みませんでした。ただし修行をして気づいたことや、指導を受けた内容をノートに記すことはしていました。

13 托鉢

食事は午前中に二回いただきます。正午を過ぎたら固形物を取らないことが戒です。空腹で苦しいと感じたことは一度もありませんでした。瞑想に集中していることや、瞑想によって代謝が下がっていること、心理的ストレスがないことなどが要因だと思います。一日二食のほうが身体が軽く、瞑想には明らかに適しています。反対に、食べ過ぎは明らかに瞑想の質を低下させます。

食材は、在家の方から施された托鉢食（ピンダパータ piṇḍapāta）を僧院に持ち帰り、修行者全員で分かち合います。托鉢は僧院の近くにあるいくつかの村に行って行います。トラックの荷台やマイクロバスに乗って移動し、車を降りたら裸足になって村の中を歩きます。砂利が多いところなど、場所によっては足の裏がかなり痛いのですが、それを表情や動作に表さないように心がけて、威儀を保って托鉢します。修行者は一列に並んで歩き、村人から食事の布施を鉢で受け取ります。老若男女の村人たちが毎日、早朝から食事を持って托鉢僧たちを待っています。村の家々のほとんどは平屋で、質素な家屋です。決して裕福には見えません。にもかかわらず、毎朝こうして食事を準備して布施をされてい

托鉢のためにトラックの荷台で移動中の筆者（上左）。トラックの荷台から降りる比丘（上右）。
食事の布施を待っている村人たち（下左）。托鉢後の比丘（中央が筆者）（下右）

ることに驚きました。小さな子どもも地面に正座して、比丘がやってくると合掌して地面に頭をつけて礼拝したりします。サンガ（saṅgha、出家修行者の集団）に対する敬意がよく伝わってくる所作です。修行僧は、在家の布施者と目を合わせず、会話をすることもありませんが、この布施の功徳によって施者が幸せになるように、苦しみがなくなるように、覚りに近づけるようにと心で慈悲を念じました。托鉢をするたびに、布施（ダーナ dāna）の善行為をなさるのを喜ばしく思うと同時に、今日も真剣に修行をしようと自らの気持ちを新たにすることができました。

しかし、修行に慣れて、瞑想修行が軌道に乗ってくると、托鉢の間も、よく気づいてはいるのですが、心がピタッと安定して、とくになにも考えることもなく、透明人間のような感じで托鉢するように変わっていきました。こちらのほうが、捨《しゃ》（ウペッカー upekkhā、平静で平等・中立・客観的な心のこと）が強く発揮されていて、修行僧としてはよい在り方なのだと思います。もちろん、捨があったとしても、根底に先述の慈悲の念があることには変わりありません。布施に対する正しい理解と、清らかな修行を行うことによって、在家者の布施が浄められるのです。在家者に愛想よくしたりサービスをするのではなく、自らの修行に専心することが在家者に最高の恩恵をもたらすのです。

毎日鉢がいっぱいになるほどたくさんの托鉢食をいただきました。その後、再びトラッ

僧院で托鉢食を分配する（上）。食事を受け取る建物（下）

クの荷台などに乗って僧院に帰ります。いただいた食べ物は、僧院で種類ごとに分類し、それぞれが好きな量だけ受け取ることができるように並び替え、修行者が各々受け取ります。

食材の分類の作業は毎日在家《ざいけ》の方々（出家はしていないが仏道に帰依する者）がしてくださっていました。掲載している托鉢のときの写真を撮ってくださったのも、僧院の手伝いをしてくださっている日本人の在家信者の方でした。私ははじめてお会いしたときに、短期出家で日本からやってきましたと挨拶すると、「それはとても素晴らしことです」と笑顔で喜んで（ムディター muditā、相手の幸福を共に喜ぶこと。四無量心のひとつ）くださいました。

14　食べる瞑想

自分の鉢に食べ物を適当な分量だけいただくと、鉢を持ってクティに戻り、ひとりで食事をします。熱い汁物があるときは鉢が熱くなって持てないので、布を挟んで鉢を持つようにします。ミャンマー人は手で食べている方も多いようでしたが、外国人の私にはスプーンを貸してくれました。皿は使用せず、ひとつの鉢にごちゃ混ぜに食材を入れていただきますので、盛り付けや彩りを楽しむということはありません。料理の見かけや味に渇《かつ》愛《あい》（タンハー taṇhā、対象に愛着すること）が生じることのないように、身心に気づきを保ちながらいただきます。といっても、私の場合は美味しいものがあるとやはり美味しいと感じて喜んでしまうことも少なからずありました。ただ、それに気づくことによって、渇愛がより強い取《しゅ》（ウパーダーナ upādāna、執着すること）にまでは発展しないように留めることができます。ときどきあまりにも辛すぎて食べられないものや、甘すぎて食べきれないお菓子などをいただいてしまうことがありました。いただいた食べ物に嫌悪を抱くことは瞋恚《しんに》（ドーサ dosa、怒りや悲しみなど拒絶感を基本とする煩悩）の生起であり、望ましいことではありません。とはいえ、無理に辛いものを食べていたら、身体がショックを受けてしゃっくりが止まらなくなってしまいました。それからは、身体によくなさそうなものはできるだけ鉢に取らないように注意するようにしました。それでも、異国の料理なので味がよく分からずに取ってしまった場合には、食べずにクティの周りに置いておきました。野良犬や虫たちへのお布施です。犬はしゃっくりをせずに食べていたので、多分大丈夫だと確認しました。本来は、渇愛も嫌悪も起こさずに、食べるときの感受（ヴェーダナー vedanā）にサティ（sati、気づき）を保ちつつ、身体を健康に維持するため、正しい修行をするためだけに食するのがよい食べ方です。このように、食べるときもヴィパッサナー瞑想の時間になり、身体、感受、心を観察するのです。そうすると、食べることによって心が汚れませんし、不思議なことに食べすぎも抑止できるのです。

食べた後の片付けは、鉢とスプーンを水で流しながらスポンジでこすり、日向に干しておけばよいので、手間はかかりません。

15 喜捨と法名

あるときミャンマー人の比丘が、私が食の布施をしたことをホワイトボードにビルマ語で記してくださいました。一部は日本語と英語で併記してあります。私が出家直前に布施したお金で、在家の方が食材を買ってくださり、それが托鉢食として修行者全員に分配されたことを表示してくれたのです。外国人の短期出家者を応援して気づかってくださったのでしょう。自分の為した善行為に対して、驕り高ぶることなく喜ぶことは、それ自体が新たな善行為となります。わざわざ表示してくださる配慮に感謝することも、心を浄める善行為です。このように、修行中は、自分が行っている身体での行動、口で発した言葉、心で思ったことが、悪行為なのか善行為なのか、つねによく気づいていることが大切なのです。身口意《しんくい》の三業をヴィパッサナーするということですが、心がければ在家の生活でも十分できることです。

出家前の喜捨を表示してくれた

ボードには英語で"Donated By Tejo Vasa"と書かれています。テージョーバサ（Tejo Vasa）というのは出家の際に私が頂いた法名です。火の威力あるいは火の躍動というような意味ですが、燃えるような気持ちでミャンマーにやってきましたのでぴったりの名前だと思いました。日本で信じられているように名前（戒名）によって死後の行き先が決まるということはありませんが、修行の気持ちを鼓舞してくれるありがたい命名でした。

もちろん、法名は無料でいただけます。それどころか、この僧院でのすべての出家修行は無料で、料金を取られたり、布施を強要されるようなことは一度もありません。生命にとって最高の価値のある正しい修行をするためには、ミャンマーではお金はまったく必要ないのです。ダンマの正しい理解と、修行に対する真摯な気持ち、そして実行力があれば、出家修行に挑戦できるのです。

16　簡素な出家生活

このように、僧院での修行生活は、毎日同じ日課で過ごす、いたって簡素なものです。スケジュールが構造化されていて、衣食住が最低限で、やることがシンプルであると、貪欲や無駄な思考が湧きにくくなるのです。これらも瞑想修行が進展するための大きな要因なのです。

戒を守り、所有物がなく、お金も持たず、異性と個人的に関わらず、ネットにつながらないだけでも、心に生じる煩悩はかなり低減させることを実感しました。

このような出家生活に、私はとても早く順応することができました。これまでに出家生活をしてきたのではないかと思ってしまうくらい、違和感がなく、納得して、安心して生活ができたのです。私は生まれながら感覚感受性の閾値が低く、人一倍刺激を敏感に感じ取るＨＳＰ（Highly Sensitive Person）なので、子どもの頃はもちろん、大人になってからも新しい環境に適応するのに時間がかかったり、いつまでたっても適応できないことが多かったのです。しかし、異国での僧院の環境は非常に特殊であるにもかかわらず、素早く適応できたことに、自分でも驚きました。考えてみれば、僧院の生活というのはあらゆる刺激や情報が世俗の世界よりもはるかに少なく絞られているので、ＨＳＰにとっては快適で、心が落ち着いたのかもしれません。

もちろんそれだけではなく、修行がしやすいようにつくられた僧院のルールや戒のひとつひとつが納得のいくものだったことなどもあるでしょう。静寂に満ちた僧院で、修行の進んだ徳のある比丘たちを擁するサンガ全体に護《まも》られていることを感じていました。

17 出家生活は正命の理想型

僧院での生活は、必要以上の物やすることをことごとく削ぎ落とした簡素なものなのです。これは八正道《はっしょうどう》の五番目の正命《しょうみょう》（サンマー・アージーヴァ sammā-ājīva）のひとつの究極の形であるといえるでしょう。

出家生活を送ると、世俗の組織や家庭には、不必要なもの、不必要な仕事、不必要な人間関係、不必要な情報などが溢れかえっていることに気づきます。僧院の生活は、世俗的な価値観から見ると、刑務所以上に不自由な生活にしか見えないので、なんでこんなに貧しく苦しい生活を送っているのだろうと思う人が多いと思います。しかし、究極の目的を知り、それに向かって進もうとする出世間的な観点からすれば、出家の生活は合理的であり、完成度が高く、最高の心の幸せを生み出す生活なのです。その生活を味わってしまうと、実は世俗の生活というのは、無駄が多く、煩悩を喚起することに溢れ、苦しみを免れず、優れていないものが多いということに気づくでしょう。聖者《せいじゃ》（アリヤ ariya、覚りの流れに入った預流《よる》、一来《いちらい》、不還《ふげん》、阿羅漢《あらかん》の四双八輩《しそうはちはい》）の視点と、煩悩を中心として生きる凡夫《ぼんぷ》（プトゥッジャナ puthujjana、ダンマを十分に理解せず覚りの流れに入っていない平凡な者）の視点は、正反対であることが多いのです。ただし、有学《うがく》（セーカ sekha、覚りの流れに入っているが阿羅漢果を覚っていない聖者）の場合には、ダンマに疑いを抱くことはありませんが、まだ煩悩が残されていますので、出家生活の清らかな喜びと、煩悩の欲を満たすことのできない苦しみという、相反する感情の葛藤が生じますので、そこは忍辱《にんにく》と精進が求められるのです。

戒と適切な修行環境に守られた出家生活は、一見原始的な暮らしに見えますが、高度に合理化され、洗練された生活なのです。ブッダの超人的な智慧が今日でも僧院の出家生活に生かされているのです。

第3話――僧院にて　～修行仲間とパオ・メソッドの瞑想法

18　最高の瞑想を求めてミャンマーに移動してきた比丘

私がモービ僧院にいた頃、私の他に日本人の出家修行者は八人いらっしゃいました。他国のアジア人や欧米人には女性修行者もたくさんいましたが、日本人は全員男性で、女性修行者は一人もいませんでした。

シーマ・ホールで瞑想するとき、いつも私の前で坐っていたのが日本人のK比丘でした。夕方五時にお茶やジュースを飲める時間があるのですが、このときにK比丘に話しかけると、いろいろなことを教えてくれました。K比丘は私よりひとつ年上で、出家前に日本でヨーガの教師などをされていたそうですが、臨死体験や、刹那の瞬間をスローモーションで認識する体験など、非日常的な体験をしたことがきっかけで探究心を起こし、瞑想を極めるためにタイで比丘出家したそうです。しかしタイの僧院では満足のいく瞑想指導が受けられなかったため、納得のいく指導が受けられる僧院を探して、こちらの僧院に移動してきたということです。こちらで瞑想指導を一年ほど受けてきたK比丘は、「セヤドーは本当によく瞑想が分かっていると思います。瞑想指導は的確だと思います」と語っていました。

19 大乗仏教の僧侶であった比丘

S比丘はおそらく日本人修行者の中でもっとも年長でしたが、とても精力的に修行をされていました。はじめの頃は衣の着方など、修行生活についていろいろご指導をいただきました。私が朝四時にシーマ・ホールに入ると、いつもS比丘は既にピタッと決まった座相で瞑想されているので、いつから瞑想されているのですかと尋ねると、「一時ごろから」と答えられて驚きました。夜中が一番涼しくて集中しやすいために瞑想し、その代わり一番暑い午後に休憩の時間を取っていて、セヤドーにも了解を得ているということでした。確かに午後は毎日摂氏三五度を超え、瞑想をしていても汗ぐっしょりになるので、このようなスタイルもよいのでしょう。

あるとき、托鉢が終わって僧院に戻るとき、マイクロバスでS比丘の隣に座ったので、お話を伺うと、比丘になる前は日本で真言宗の僧侶をされていたそうです。そう言われてみると日本のお坊さんの面影があることが感じられました。しかし、今はこちらでパーリの比丘として修行されているので、「今は真言宗をどのように理解されているのですか？」と尋ねてみました。するとすかさずひと言、「妄想です」と答えられました。ここは上座部仏教の僧院ですから、毎日パーリ経典の読経はしますが、真言（マントラ）を唱えたり、呪術的なことをしたり、うやうやしい儀式を執り行うことはありません。ここで修行をしていると、そのようなことはまったく必要がなく、むしろそのようなことは修行の妨げになる、ということが次第にハッキリしてくるのです。当時S比丘は色界禅定の最終段階の瞑想を修習されており、表情もスッキリとして輝き、充実している様子がよく伝わってきました。

20 セヤドーによる瞑想指導

煩悩を喚起する刺激の少ない、無駄なく正しい生活を徹底することによって、心は安定し、澄み渡って明晰になります。そうするとやるべきこと（善行為）と、やるべきでないこと（悪行為）の識別がはっきりとできるので、悪行為をやめ、善行為を増やすように、ダンマに即した正しい精進ができるようになるのです。善悪の行為を識別し、正しい精進をすることによって心は自ずから整い、正しい気づきが生じます。正しい気づきによって集中力が増し、正しい瞑想（禅定）が実現します。この縁起が八正道が示している瞑想修行が成就するために必要な条件なのです。

このように、正しい生活、正しい戒などの合理的な環境が揃ったなかで、モービ僧院では、パオ・メソッドと呼ばれる瞑想指導を行っています。ここで修行している修行者たちは、週に三回、セヤドーから個別に瞑想の指導を受けることができます。パオ・メソッドでは、それぞれが取り組むべき瞑想の課題が与えられ、細かい具体的なステップが体系的に組み立てられています。修行者は、与えられた瞑想の課題に取り組み、どのように瞑想ができたかを次の指導のときに報告します。するとセヤドーはさらに質問をして確認したり、アドバイスをくださったりして、課題を達成できるように導いてくれたり、課題を十分に達成したと判断された場合には、次の課題を出してくれます。

セヤドーはミャンマー語で話されますが、日本語を少し話せるミャンマー人の比丘が通訳してくださいました。ときどき通訳された日本語の意味がよく分からないことがありましたが、パーリ語の単語で内容を確認することができることもありました。あるいは、後で日本人比丘に質問すると、正しい意味を教えてくれたので、大きな障害にはなりませんでした。東京で一〇年以上働いた経験のある日本語が堪能なミャンマー人の在家信者の方もおられて、彼もときどき僧院に来て瞑想指導の通訳をしてくださいました。彼が来てくれたときは明快にセヤドーの指導を理解することができましたし、こちらからの質問も的確にミャンマー語に訳してくれるので、細かな意思疎通をすることもできました。

個別の指導といっても、日本語の通訳を必要とする日本人の修行者は一緒に指導を受けますので、だれがどのくらい瞑想の課題が進んでいるかが皆に分かります。課題が進まないときには辛《つら》い状況かもしれませんが、他の修行者へのアドバイスを聞いて学ぶこともたくさんありました。他の比丘から後でアドバイスをいただけることもありましたし、修行が順調に進んでいると、「波羅蜜《はらみつ》があるのですね」などと随喜して声をかけてくださることがあり、支え合って修行しているという雰囲気で安心することができました。修行は競争ではありませんので、急かされることなく安心して自分のやるべきことに集中できる心理的な環境は貴重です。

ある比丘は、「セヤドーは他心通《たしんつう》(チェートーパリヤ・イッディ cetopariya-iddhi、他人の心を知る神通力)があるに違いない、自分の瞑想の状況を驚くほど的確に理解されている」といってその瞑想指導を信頼している様子でした。

21　パオ・メソッドと日本で普及している上座部の瞑想法

私がこちらの僧院で受けた指導は、パオ・メソッドと呼ばれる方法ですが、その大まかな特徴についてここで簡単にご説明したいと思います。パオ・メソッドとは元々、パオ・セヤドー（Pa Auk Sayadaw、一九三四年〜）というミャンマーの比丘が自ら行った修行法のことです。パオ・セヤドーという呼称はお寺の名を冠したお名前で、僧名はウ・アーチンナとおっしゃいます。パオ・セヤドーは、森林における長年の瞑想修行を終え、四七歳のときにミャンマー東部のモーラミャインという都市にあるパオ森林僧院の三代目の僧院長になり、自らの修行法を多くの修行者に指導しました。その指導は評判を呼び、ミャンマー国内のみならずアジアや欧米の諸国にまで広がっていき、いつからかパオ・メソッドと呼ばれるようになったということです。

パオ・セヤドーの修行法は、現在の日本で指導されている上座部仏教の主要な瞑想法とは大きく異なる特徴があります。まず、現在広く指導されている主要な二つの流れの特徴を確認してみましょう。

ひとつは、日本ヴィパッサナー協会が指導している瞑想法です。この協会は、ミャンマーの在家瞑想指導者であったゴエンカ氏（S.N.Goenka、一九二四〜二〇一三年）によって確立されたメソッドに従い、一〇日間（合計十二日間）のリトリートを京都と千葉にある瞑想センターで頻繁に実施しています。私も参加経験がありますが、瞑想の入門コースとしてとても優れたプログラムだと思います。参加料金をとらず、布施によって運営しているところも好感が持てます。

日本ヴィパッサナー協会の伝えている瞑想のメソッドは、ミャンマーの比丘であったレーディ・サヤドー（Ledi Sayadaw、一八四六〜一九二三年）が指導した修行法の系譜にあり、協会の名称が示すとおり、ヴィパッサナー瞑想（ヴィパッサナー・バーワナー vipassanā bhāvanā）の実践を重視するところにあります。ヴィパッサナー瞑想というのは、観行《かんぎょう》とも呼ばれ、物質や心をあるがままに観察する瞑想法のことで、特定の対象に意識を固定して集中させるサマタ瞑想（止行）と対置されています。ゴエンカ氏のメソッドにもサマタ瞑想は含まれていますが、その到達度は問わずにヴィパッサナー瞑想に移行するプログラムになっています。

もうひとつは、日本テーラワーダ仏教協会が提供している瞑想法で、スリランカ人のスマナサーラ長老などが指導されています。こちらの瞑想法の特徴は、サティ（sati、念、気づきと邦訳される。英訳はマインドフルネス mindfulness など）を重視し、観察対象を実況中継するように言語でラベリングをすることにあります。この瞑想法のルーツは、ミャンマーの比丘のマハーシ・セヤドー（Mahāsi Sayadaw、一九〇四～一九八二年）の指導法にあり、やはりヴィパッサナー瞑想を重視していることが特徴です。

このように、現在日本で多く実践されている上座部の瞑想法は、レーディ・セヤドー系とマハーシ・セヤドー系が主流になっており、どちらもヴィパッサナー瞑想を重視しているという点において共通しています。そのため、サマタ瞑想を省略するか、少量の実践に留めることになる傾向があります。

この他の上座部仏教の瞑想法を実践されている日本の方もいらっしゃいますが、かなり少数派だと思われます。そもそも、マインドフルネス瞑想が流行しているといっても、日本では瞑想をしている人自体がまだ少数派ですし、そのなかでもさらに上座部仏教の瞑想をしている方は少数派なのですが、その少数派のなかでも瞑想のやり方にはさまざまな系譜があるのです。

22 パオ・メソッドの特徴

ミャンマーではマハーシ式が普及しているのですが、パオ・セヤドーは、マハーシ式に代表されるような、ヴィパッサナー瞑想を重視し、サマタ瞑想を追究しない方法に疑問を抱いたのです。サマタ瞑想によって強力な集中力を養わないうちにヴィパッサナー瞑想をして、物質と心の微細な観察ができるのだろうかと。ブッダはサマタ瞑想によって得られる禅定《ぜんじょう》（ジャーナ jhāna、深い三昧《さんまい》が持続する極度に集中した瞑想状態。初禅に入ると五禅支という心の働きが現れる）の修行を何度も弟子達に指導したのです。そのため、パオ・メソッドでは、だれもがまず徹底的にサマタ瞑想を修習し、禅定に習熟することを目指すのです。禅定には色界禅定が四段階、無色界禅定が四段階、そして滅尽定のあわせて九段階ありますが、最低でも色界の第四禅定に入定し、各段階で五自在と呼ばれる修行に習熟しなければ、ヴィパッサナー瞑想の修行に入れないという厳しいものです。これは、ヴィパッサナー瞑想を軽視しているのではなく、心の癒やしや心理学レベルの気づきではなく、覚りに役立つヴィパッサナー瞑想を成就させるために必要なプログラムだという考えに基づいています。

今日、ヴィパッサナー瞑想を重視する瞑想法が前面に立つことが多い理由のひとつは、在家者がサマタ瞑想に習熟するのは非常に難しいということです。理想的な修行環境で、戒律をしっかり守り、毎日八時間くらい比丘が瞑想に取り組んでも、何年もかかる場合も多いと聞きました。もちろん個人差があり、数週間で禅定に入る人もいますし、一〇年以上かかる人もいますし、今生では入定が困難な人もいます。個人で瞑想をしている人が禅定に入っているつもりでも、実際には入っていないということは多々あります。パオ・メソッドでは瞑想の状態のチェックを細かく行って指導をしています。

ミャンマー人に浸透した考え方に基づいていうと、このような修行の進み具合の差は個々人の波羅蜜（パーラミー pāramī、原義は「最高のもの」。覚りに必要な修行やそれによる功徳のこと）の差によるということになります。このようにサマタ瞑想の習熟は出家修行者であっても長い時間のかかることですから、在家者にとってはなおさら高いハードルであることは確かです。そのため、サマタ瞑想ばかり指導され続けると、脱落してしまう人が多くなるという現実もあると思います。このような背景がひとつの要因となって、近年では、在家者向けの指導法として、サマタ瞑想があまり指導されず、多くの人が実践しやすいヴィパッサナー瞑想を前面に出して指導されることが多くなっているのです。その一部がさらに簡略化され、心理学化されて、覚りに必須のダンマを削ぎ落としてしまったものが、マインドフルネス心理療法です。

しかし、先述のとおり、パオ・セヤドーはサマタを軽視ないし省略すれば、ヴィパッサナー瞑想も表面的な修行にとどまってしまうことを危惧されたのです。サマタの後にヴィパッサナーを修習するのがよいのか、ヴィパッサナーの後にサマタを修習するのがよいのか、サマタとヴィパッサナーを同時的に修習するのがよいのか、安易な判断は下せませんが、私ははじめにパオ・メソッドに縁をいただき、短期出家してサマタ瞑想に集中的に修行ができたことはとてもよかったと思っています。私の個人的な修行経験に基づいていえば、サマタ瞑想の修習によって、ヴィパッサナー瞑想の質が高まりましたので、パオ・セヤドーの指摘は重要であるように私には思えるのです。今日ではヴィパッサナー先行型の修行法が主流となっていますが、サマタ先行の修行を指導するパオ・メソッドはそれとは異なるひとつのトラディショナルな流れといえるでしょう。

さらに、もうひとつパオ式の特徴を付け加えれば、禅定の修習も、禅宗のように「ただ坐れ」という大雑把なものではなく、非常に細かい具体的な修習の課題が、ステップバイステップで体系化されていることです。課題を達成すると次の課題に進めるようになっており、高僧が細かく瞑想の状況をチェックしながら指導するというシステムになっています。はじめて出家修行をさせていただいた私にとっては、このように細やかで洗練された分かりやすいシステムのもとで指導を受けて修行させていただけたことと、在家では修習が困難なサマタ瞑想に没頭できたことは、とても有意義でありがたいことでした。

第4話——瞑想修行の実際　〜的確な指導と瞑想の進捗

23　私の瞑想修行

さて、このような恵まれた修行環境で、私の瞑想の実際はどうだったのでしょうか。既に申し上げたとおり、予想外に早く僧院の生活に適応することができた私は、身心ともに整った状態で修行に臨むことができました。瞑想を指導してくださるクムダ・セヤドーの温かい雰囲気と、明解で落ち着いた指導は信頼できると感じられたので、余計なことを考えることなく、ひたすら与えられた課題を実践することに集中することができました。毎日八時間近く瞑想をし、ほとんど会話もしない生活なので、驚くほど心が静かで安定していきました。これが在家の生活と大きく異なるところです。仕事やコミュニケーションや諸々の情報や刺激によって心がかき回されることがないと、心に溶け込んだ雑多な塵芥《ちりあくた》がしだいに沈殿してゆき、透き通った心になっていくのです。内も外も一日を通して刺激が少なく、静かであることが多いので、脚を組んで目を閉じると速やかに集中できることが多くなりました。

もうひとつ、出家のアドバンテージとして見逃せないのは、周りで坐っている修行者の中には、見事に禅定に入っている人がけっこういるということです。先ほど言いましたように私はＨＳＰの気質があるため、よくも悪くも周囲の影響を受けやすいのですが、ここではよい影響を受けやすかったように思います。深い瞑想に入っている修行者に囲まれていることは、非常に瞑想の助けになるのです。これはサマタを徹底し、大人数の出家者が一堂で瞑想するこの僧院ならではの大きな利点であったと思います。

このように、毎回の瞑想をはじめるスタート段階で、すでに心が清らかで静かになっていることが多いことに加えて、周囲の深い瞑想に共鳴するようにして、自らも集中していくことができたのです。もちろん瞑想の状態は体調による変化もあり、多少のでこぼこはありますが、総じて日を追うごとに深まってゆき、結果として、与えられた課題にほとんどつまずくことなく順調にクリアしていくことができたのです。

24 アーナーパーナサティの修習

私は毎日、呼吸に集中するアーナーパーナサティというブッダが伝えた瞑想法の一部を修習しました。心が静まって集中力が高まってくると、呼吸をするのが面倒に感じるようになり、呼吸が止まりそうになります。安定した三昧状態においては、呼吸という身心のサンカーラ（saṅkhāra、行《ぎょう》と訳される。形成する力や形成されたものを意味する）の刺激が集中を妨げるため、できれば呼吸はしたくないのです。しかし身体は呼吸を必要としているので、ときおり合間を縫うように静かで微細な呼吸が起こり、そしてしばらくは消えて止まり、しばらくするとまた微細な呼吸が起きる、……これをくり返す状態になります。このように極度にサンカーラが減少した状態で、生きるために最低限の呼吸がときおり生じるのを、自然現象のように目撃しているのです。微かな短い呼吸であっても、大きな事件が起きているかのようによく気づき、微細な息の変化を途切れることなく捉え続けています。全身が脱力して身体が軽やかになってきて、さらに集中力が増すと、麻酔がかけられたかのように身体感覚が消えていきます。身体感覚から解放された心の喜びが波のように押し寄せてきます。そのなかで、小波のような小さな呼吸がときどき生じている、それを静寂の中で認識しているという世界です。このような独特の世界に居続けると、深い喜びと安堵感に満たされるようになります。

強い集中とリラックスが共存している瞑想状態においては、騒々しい煩悩の生起が一時的に抑止されています。多くの人は自分の欲望のとおりに生きることを自由だと思い込んでいますが、実際には自分の欲望に支配されている不自由な状態にすぎません。自らの煩悩から解放されることこそ真の自由なのです。このような三昧《さんまい》（サマーディ samādhi、精神が深く集中しひとつの対象に統一されている状態）の状態においては、つかの間ではありますが、煩悩の支配から解き放たれた真の自由と、欲望の満足ではない清らかな喜びを味わっているのです。

この段階はまだ、禅定の一歩手前の近行定《きんぎょうじょう》（ウパチャーラ・サマーディ upacāra-samādhi）と呼ばれる段階ですが、それでも大変インパクトのある重要な体験でした。

25　瞑想による喜びと的確な指導

出家して二週間くらいたった頃、この喜びが非常に強大になり、夜も眠れなくなりました。瞑想以外わずかなことしかしない簡素な生活で、このような歓喜に満たされるとは、なんと不思議なことだろう、と思いました。そしてこのような歓喜を味わい、瞑想による清らかな歓喜を身をもって知れたことはなんと幸せなことだろうと思いました。

修行者は、欲望を満たすことによる喜びとは異なる、欲望から自由になったことによる清らかな喜びを知るがゆえに、修行を続けることができるのです。ただ苦しいだけならば、ほとんどだれも修行を続けることはできないでしょう。修行には確かに忍耐は必要ですが、優れた清らかな喜びがあることを知れば、さらにやる気が出てくるものです。清らかな喜びをくり返し体験して理解できると、劣った喜びと、優れた喜びを識別できるようになるのです。これは正しい修行に必要な智慧の現れです。

このような瞑想の体験を報告したところ、セヤドーは微笑まれて、「よいです。これまでどおりに課題に取り組んでいってください」というあっさりとした指導をいただきました。私はある僧侶から、坐禅の修行に打ち込みすぎて膝を痛めて坐れなくなってしまい、長い年月を経ても完治しないという話を伺ったことを思い出しました。ですので、瞑想が深まっても調子に乗って無理はしすぎないようにしようと思いました。修験道の修行をしたときも、調子がよいからといって頑張りすぎると、必ずあとでツケが回ってくることを経験的に知っていました。

そのため、セヤドーからいただいた指導のとおり、たとえ瞑想の調子がよくても、喜びに満たされて夜眠れなかったとしても、夜間は横になって身体を休め、日課どおりに瞑想をすることにしました。すると次第に歓喜の波は沈静化し、落ち着いた喜びや安楽へと変化し、夜も眠れるようになりました。喜びもサンカーラなので、激しすぎれば瞑想の深まりの障害となってしまいます。このように瞑想をしているとさまざまな体験が生じますので、適切な指導を受けていると横道に逸《そ》れることなく、身体を壊して修行ができなくなることもなく、正しい方向に進んでいけるので、とてもありがたいことです。

瞑想中に、鮮明で興味深いビジョンが浮かんだこともありました。私はこれに気持ちを持っていかれないように放置していたのですが、一応セヤドーに報告すると、一瞬微笑まれて、「これまでどおりに課題に取り組んでいってください」とあっさりとしたご指導をいただきました。

26　ニミッタへの対処

目を閉じて瞑想をしていると、視界が明るくなり、ときにはまぶしいほどの光が見えることがありました。瞑想中に徐々に明るさを増してくることが多いのですが、出家修行中は瞑想をはじめた瞬間からすでに明るいときもあり、見え方はさまざまです。夜になって暗闇の中で瞑想をしていても、同じように明るくなりますので、外側の光をまぶたの裏で感じているのではありません。毎日瞑想三昧の生活を送っていると、夜になってまぶたを閉じて眠ろうとしても視界が明るいままのことがあります。これはサマタ瞑想の修習によって生じるニミッタ（nimitta、相、前兆、瑞兆）と呼ばれる現象です。光明のニミッタ（オーバーサ・ニミッタ obhāsa nimitta ）がいつどこにどのように見えたのかを瞑想指導のときにセヤドーに報告すると、ひとつひとつ丁寧に確認され、細やかなご指導をいただきました。パオ・メソッドでは、ニミッタを特徴によって細かく分類し、それぞれのニミッタに応じた対処の仕方を指導します。しかし、その指導内容の詳細については、ここで公開することは控えさせていただきます。実際に瞑想の中でニミッタが生じてから直接指導を受けたほうが、間違いも起こらず、納得できると思うからです。

注意すべきことは、このような指導を受けていないと、あるいは知識がないと、ニミッタは落とし穴にもなりかねないということです。ニミッタの光明に満たされて心が高揚し、最高の境地に達したとか、覚りを開いたなどの誤った慢心を抱いてしまうことがあるからです。アビダンマでは、このようなサマタ瞑想の副産物が染汚《ぜんま》（ヴィパッサナー・ウパッキレーサ vipassanā upakkilesa）という煩悩を生じさせ、道を踏み外させる危険性を指摘しています。実際、これが覚りであると勘違いすれば、瞑想の修行が進まなくなるだけではなく、心が汚れてしまうでしょう。

しかし、光明のニミッタ自体が悪いのではありません。ブッダはニミッタについて次のように語っています。

私の定が少量であるとき、私の眼は少量になる。そこで私は、少量の眼によって少量の光を認め、もろもろの少量の色を見る。しかし、私の定が無量であるとき、私の眼は無量になる。そこで私は、無量の眼によって無量の光を認め、もろもろの無量の色を見る。それは終夜にも、終日にも、終夜終日にもわたる。

（片山一良訳 MN128「随煩悩経」）

ここでいう「眼」とは眼球ではなく「天眼」のことです。ブッダは瞑想の集中度に応じて光明と色のニミッタを見ると語り、この話を聞いているアヌルッダ尊者もそれに同意しています。さらに、ブッダがまだ菩薩だった頃、瞑想中に一一種類の心の汚れが現れたときには、現れていた光明や色が消えてしまうことを確認したと語っています。一一種類の心の汚れとは、疑い、不注意、意識の朦朧《もうろう》、恐怖、歓喜、怒り、頑張りすぎ、気の緩み、欲望、さまざまな想念、ものを細かく見過ぎる、ということです。

サーリプッタ尊者は次のように説いています。

どの五つのものが修習されねばならないか。正しい禅定の五つの要因、すなわち喜悦の横溢していること、楽の横溢していること、心の横溢していること、光明の横溢していること、観察する様相である。

（浪花宣明訳 DN34「十上経」）

このように、禅定の修習においては、歓喜、安楽、高い心のエネルギー状態、明るい光、微細な観察力という五つのことを体験し、深めていくことが求められます。この五つのうち、四番目が光明（アーローカ aloka）に満たされることなのです。しかし、だからといって、光明のニミッタを見たいという欲を持ってしまうと、想像力を働かせてしまい、かえって集中力は散漫になり、正しい禅定に向かうことはできません。

正直に言うと、私の場合は、ニミッタが出現するとき、明るければ明るいほど、歓喜を伴うことが多いので、それによって心の活動が増し、慢心、気の緩み、さまざまな考えが生じることがたびたびありました。しかしそうなると、瞑想の質が下がり、修行が進まなくなるのです。ですので、あらためて呼吸に意識を集中し、慢心、気の緩み、さまざまな考えなどが滅していくのを待つ必要があるのです。

巷には頭部に電極を取りつけて、瞑想中の脳波を測定し、アルファー波やシータ波などのゆったりした脳波が優位になると鳥の声が聞こえるバイオフィードバックの機器があります。私はこれを使って瞑想をしたことがありますが、これはアルファー波が多く出現しさえすれば、雑念が多くても、煩悩が燃えさかっていても、鳥の声を聞き続けることができます。一方で、光明のニミッタの場合は、身体だけではなく心の状態までその明るさや形状に反映されて現れますので、より精密な、ナチュラル・バイオフィードバック装置のようなものだと思うのです。ただし、それを読み取るためには、ニミッタについての正しい知識が必要になるのです。

私はニミッタによって心に煩悩が生じ、何度か迷路に入り込みましたが、そこからの脱出法は、余計な色気を出さずに、指導されたとおりの瞑想だけを行い、ひとつひとつの課題にシンプルに集中して取り組んでいくことでした。そのように行った結果、次の段階の瞑想に進んでいくことができました。

ニミッタはその対処法によって罠にもなれば、瞑想修行を進める触媒にもなります。私が理解したことは、触媒にするためのコツは、ニミッタを見たいという欲を持たないこと、見えたとしてもそれに執着しないこと、強力な光明が出現したら「見ずに見る」ということでした。そのような態度で瞑想を続けていけば、あとはオートマティックに瞑想が深まっていきます。瞑想とはあらゆる執着を手放すことによって深まるものなので、よい瞑想を望みすぎると、かえって得られないというパラドックスがあります。瞑想修行はトリッキーで実に面白いのです。過ぎた精進は三昧の障害になりますので、欲を出さず、執着せず、しかし燃えるような熱意をもって真剣に、中道を保ち、正しい方法でサマタ瞑想の修行を続ければ、光明の相が現れ、それによって瞑想を深めることができるのです。

27 出離の喜び

このように、セヤドーの的確なご指導のおかげで、私は着実にサマタ瞑想を深め、習熟していくことができました。とても集中して瞑想していると、一日があっという間に過ぎていきました。シーマ・ホールに向かって外を歩いているときに、「さっき朝日を見たような気がしたが、もう夕日になっている」と思ったことが何度かありました。時間が過ぎるのが恐ろしく速いのですが、それでいて、今まで体験したことのない濃密な時間なのです。過去の人生では忙しく動いていろいろな体験をしてきましたが、この瞑想三昧の圧倒的な充実感に比べると、どれも色あせて思えたのです。

ミャンマーで沈む夕日を見る

このような清らかな喜びは、出離《しゅつり》（ネッカンマ nekkhamma、世俗的生活や欲から離れること）によって、三昧によって生じます。この清らかな喜びを知ることによって、はじめて煩悩と闘う準備ができたといえるでしょう。この喜びを知らなければ、煩悩の集まりが苦しみの因《いん》である（集諦《じったい》、サムダヤ・サッチャ samudaya sacca）という四聖諦《ししょうたい》を聞いてもピントこないか、頭では納得できたとしても、煩悩の軍団にはとうてい勝てる気がしてこないでしょう。闘うための正しい方法論を知らないためです。しかし、ブッダは煩悩の激流を渡りきり、その道を私たちに余すことなく明示されましたので（道諦《どうたい》、マッガ・サッチャ magga sacca）、その道を実践する中で、瞑想を深め、清らかな喜びを体験すると、「これはもしかしたら勝ち目があるかもしれない」という手応えを得るのです。このような修行の見通しが立ちはじめることは、智慧の発現であり、心の大きな進歩だと思います。

28　修行の成果

こうしてサマタ瞑想の修習に励んでいると、あっという間に月日が過ぎ去り、出家修行の終わりの還俗の日を迎えました。日々課題に集中していて、まだまだ上達できるという手応えがありましたので、もう少し先まで進みたい気持ちもありましたが、はじめての短期出家としては、全力投球することができましたし、軟弱者の私としてはよくやれたと満足しました。なにより、瞑想三昧の出家生活を送ることができ、深い心の喜びと安定を体験し、これを体験するために今回生まれてきたのだと思いました。そしてここまで長い遍歴をしてきてよかったと心から思い、今回の短期出家修行に満足しました。

煩悩から防護してくれる戒、簡素な生活と適切な修行環境、瞑想に習熟した多くの比丘たち、パオ・メソッドとそれに基づく的確な指導、こうしたご縁のなかで、ひとつひとつの課題に集中して熱心に取り組んでいった結果、一人では決して達成し得なかったであろう瞑想の上達が実現できたことは、感謝してもしきれないことです。

まだ解脱までの課題はたくさんあるのですが、進むべき道を知り、ある程度の手応えと見通しを得て、これからも進んでいけると思えるようになりました。そして、遍歴は終焉を迎えたとはっきり分かりました。この道は確かなものであり、無上の道であると、修行の体験によって確信したからです。

第5話――還俗　〜聖なる日常から俗なる日常へ

29　還俗は葬式

還俗式は出家式よりもずっと簡素なもので、あっという間に終わりました。式の後、クムダ・セヤドーより二つのアドバイスをいただきました。ひとつは、あなたの今の定力《じょうりょく》(瞑想の能力)を保つためには、毎日最低二時間の瞑想を続けることが必要だということでした。二つめはとてもありがたいお申し出で、日本から僧院に電話をすれば、週一回瞑想指導を継続するので、このまま修行を続けるとよいでしょうと言ってくださったのです。私はセヤドーからの二つのアドバイスをありがたく受け止めたと同時に、果たして日本で仕事をしながらこの深い瞑想を続けることが可能だろうかという思いもよぎりました。

それはさておき、久しぶりに洋服を着て、「ああ、世俗の人間に戻ってしまった」と思いました。自分の人生が終わって死を迎えるのに少し似た感覚です。還俗式は葬式に近いものだと思いました。日本人の比丘たちが見送りに集まってくださいました。そのとき撮った写真は残念ながら掲載許可の確認が取れないので掲載できないのですが、それを見返すと、比丘たちへの感謝の念が今でも強く湧き上がり、充実した修行の体験も心によみがえり、自然と微笑んでしまいます。

比丘たちに見送っていただき、手配したタクシーで僧院を後にすると、ヤンゴンの空港に向かいました。陽気なタクシーの運転手は、私が日本からきて出家修行をしてきたと知ると、さらに上機嫌になって片言の英語で「ベリー・ナイス、ベリー・ナイス」と連発してサムアップ（親指を立ててグッドのサイン）してくれました。私の短期出家修行の完了を祝福されたような気がして、明るい気持ちにしてくれました。

30　バガンで出会ったはがき売りの少女

私はヤンゴン空港から国内線の飛行機に乗り、一時間あまり北に飛んでニャウンウー空港に降り立ちました。三千以上の仏塔が林立し、世界三大仏教遺跡のひとつとされているバガンに向かったのです。私はバガンのホテルで一泊し、電動バイクを借りて、地図を頼りに仏塔群に向かいました。遺跡の近くにバイクを置いてひとりでのんびり歩いていると、はがき売りのお姉さんがきれいな英語で声をかけてきました。バガンの写真などが写った数枚の絵はがきを買いました。彼女は写真を撮ってあげますというので、警戒しながらも頼んでみると、お金は請求されませんでした。彼女はバガン生まれの高校生で、まだ一度もバガンの外には出たことがないと言っていました。「バガンのことならよく知っていますので、一番よいところに連れていってあげましょう」というので案内してもらうと、なんと仏塔を外側からよじ登りはじめました。だんだん険しく高くなり、私が恐怖感を覚えると、ここに手をついて、ここに足をおいてと指示をしてくれて、なんとか見晴らしのよいスペースまで到達できました。そこで塔に背をもたれて一緒に座り、林立する仏塔の景色を眺めました。子どもの頃からよく座る一番のお気に入りの場所なのだそうです。

古都バガンの平原に広がる仏塔群（撮影：編集部）

はがき売りの少女（上）。少女が撮ってくれた私の写真（下）

彼女の掌にマメがたくさんあったので、「君はテニスをしているの？」と聞いたら、「テニスって何？」と聞かれました。テニスのことは知らないようなので、「そのマメはどうしたの？」と聞くと、彼女の家には水道がなく、毎朝家族が使う水を汲みに川まで行って何往復もするのだといいます。重い水がめを毎日何度も運ぶので掌にマメができてしまうのです。私はバカなことを聞いてしまったと反省し、今度は「絵はがきを売ってどうするの？」と聞いてみました。すると「お金を貯めて大学に行きたいのです。でもバガンには大学はないから、隣のマンダレーに行って下宿しなければならないから、たくさんお金が必要なのです」と言います。「なるほど、それで絵はがきは一日にどれくらい売れるの？」と聞くと、「一枚も売れない日のほうが多いです」と。「一枚も……」と絶句すると、「今日はたくさん買ってくださったので幸せです」と笑顔で言ってくれました。彼女には妹や弟もいるけれど、家にお金がないから高校まで行かせてもらえるのも長女の彼女だけだと言います。そして大学の学費の前に、川の水を運ぶために電動バイクが欲しいと言っていました。

そうこうするうちに、私の姿を見つけた小学生くらいの女の子が塔をよじ登ってやってきて、ミャンマー語の絵本や手作りのアクセサリーを並べて、「ヒャクエン、センエン」と片言の日本語で私に売ろうとします。さらにもっと小さな別の女の子がよじ登ってきて、

他の女の子が塔に登って物を売りに来る（上）。小さな女の子も販売に（下）

落書きのような紙を差し出して私に買ってくれと言っているようでした。私は、「なんという貧しさだろう。修行僧のときには在家の人と話すことができないから、ミャンマーの人たちの事情はよく分からなかったけれども、私はこのような貧しい人たちから毎日食事の布施を受けて修行をさせていただいていたのだ」と思い、胸が熱くなりました。

続けて、「大学に行けたら何を勉強したいの?」と聞くと、「もっと英語を学んで上手になりたい」と言います。「英語が上達したら何をしたいの?」「ニューヨークに行って高いビルにのぼってみたい」「それはいいね。でも僕はニューヨークのビルよりもバガンの塔のほうが好きだな」と言うと、「本当に?」と言って笑っていました。

その後、もしもレンタル電動バイクを借りてくれたら、バガンの古い町も案内してくれると言うので、彼女の分のレンタル電動バイクを借りて、バガンのいろいろなところを案内してもらいました。「白い仏像をお土産に買いたいんだけどどこかにあるかな」と言うと、彼女は数件の露天商を回って、素敵な仏像を見つけてくれました。ミャンマー語で値段交渉までしてくれて、「昨日までお寺で修行していた人だからと言ったら安くしてくれたわ」と言うのです。

私は千円足らずの絵はがきを買っただけなのに、彼女は半日がかりでとても親切にバガンの街を案内してくれたのです。御礼を言ってさわやかに別れたのですが、あれから十年

電動バイクでバガンを案内してくれる

近くたった今、彼女は二十代後半のはずです。電動バイクは買えたでしょうか。大学に行けたでしょうか。かなり難しそうです。二〇二一年には軍事クーデターが起きてしまい、絵はがきを買ってくれるような外国人観光客はほとんどいないでしょう。それどころか、虐殺が起きていると報じられていますので、無事でいるのかどうかも分かりません。

彼女のような純朴で親切な人たちや、毎日托鉢食を布施してくださった貧しいけれども善良で信心深いミャンマー人の方々が幸せであることを願わずにはいられません。

31 再びヤンゴンの街を歩いて

バガンから再びヤンゴンに戻り、活気のある街を歩いてみました。そこで感じたことは、拙著『心を救うことはできるのか：心理学・スピリチュアリティ・原始仏教からの探求』（サンガ新社［新装版］、二〇二三年）に記しましたので、そのまま引用させていただきます。


陽射しが弱まる夕方になると、すごい数の人々が街を歩いています。市場、商業ビル、寺院、ホテル、レストランなどなんでもある大都会です。

古いものと新しいものが混在して変転著しい街中を歩いていて、私はこう感じたの

ヤンゴンの街並み

です。「活気ある大都会のヤンゴンの街を今歩いているが、私が欲しいものはこの街には何もない」と。修行をして、心が静まり、穏やかで、満ち足りていて、本当に欲しいものが何もなかったのです。欲も怒りもない、空っぽな心でいられる喜びを感じ、それを楽しんでいました。

静寂な心で街を歩いていると、すれ違う人々が、いろいろな思考や感情をぐるぐる動かしながら歩いているのが、はっきりと感じ取れました。精妙な気づきのある状態にあると、他人の心の状態が手に取るようにわかるのです。丁度、極限までトレーニングを積んだスポーツ選手が、他の選手の身体の動きを一目見ただけで自分の身体のように感じ取れるのと同様です。

このときのように、心に欲がなく、落ち着いて、精妙な気づきがあることが、なによりも幸せなのだということを、大都会で心せわしなく歩く人々の姿を見て逆照射されて、より実感したのです。便利な大都会で暮らす人々よりも、仕事も家族もなく、最低限の衣食住しかない僧院にいる修行僧たちの方が、はるかに心が幸せで輝いているのです。

（『心を救うことはできるのか』、一八一～一八二頁）

32 帰国して世俗の津波に呑み込まれる

ミャンマーから帰国して、私はできるだけ出家的な在家生活を送りたいと思いました。しかし、そう簡単に思うようにはいきませんでした。私が出家修行している間に、四月から私が管理職（学科長）になることが職場で決定されていたのです。サバティカル（研究専念期間）を得てこれだけ充実した時間をいただいた職場ですので、なんとか職務をこなそうと努力しましたが、目の回るような忙しい生活になり、心の静けさは破壊されていきました。僧院の無駄のない簡素で静かな生活から、雑事に追われ、複雑で、騒がしい生活に急変してしまったのです。

還俗式の後にいただいたセヤドーの二つのアドバイスを守ることができなくなってしまいました。第一のアドバイスは、毎日最低二時間の瞑想をすることでしたが、仕事の量が多すぎてなかなか二時間の瞑想の時間を確保できなくなったのです。その結果、セヤドーのおっしゃるとおり、出家していたときのような定力が失われていきました。しばらくの間、週に一回、日本から僧院に電話をして、セヤドーの瞑想指導を受けました。僧院にいたときは、ほとんど毎回課題をクリアしていたのですが、帰国後はそれとは打って変わり、課題が達成できないことが続いてしまいました。それどころか、今までできていたことができなくなってしまいました。このような状況ではこれからも課題の遂行は困難であると思い、そして十分な瞑想ができないのにセヤドーに毎週お時間を取っていただくことも心苦しく、事情を説明して、瞑想指導を受けることを断念したのです。

33 修行者として死なないために

私は真理の世界から急速に遠ざかり、世俗の津波に呑み込まれていきました。そして次のようなブッダの言葉の意味をありありと確かめたのです。

譬えば青頸《あおくび》の孔雀《くじゃく》が、空を飛ぶときには、どうしても白鳥の速さに及ばないように、在家者は、世に遠ざかって林の中で瞑想する聖者・修行者に及ばない。

（中村元訳 KN, Suttanipāta 221）

出家の世界から俗世に戻るということは、死んでいくような感覚でした。修行者として、真理探究者としての自分が死んでいくのです。しかし、どれほど忙殺されたとしても、俗世間にあっても、修行者の息の根が止められることがないように、次のようなことを心がけました。どんな状況でも四念処（チャッターロー・サティパッターナー cattāro satipaṭṭhānā、身体・感受・心・法を観瞑想の対象とすること）への気づきを保つこと、つまりヴィパッサナー瞑想を行うこと、短い時間でも坐ってサマタ瞑想をすること、自分のペースでダンマの学習をすること、これだけは死守しました。修行者としての生活環境は劣化しましたが、瞑想をしたり、ダンマを学ぶことによる喜びが消えることはありませんでした。暗闇の中で小さな炎が消えないように守り続けたのです。

さらに、仕事の中にも瞑想とダンマをできる限り取り入れていきました。大学の授業で瞑想や初期仏教を教えること、一般向けの瞑想会やリトリートを開くこと、心理相談や瞑想指導をすること、ブッダの正法を伝えられるような講座、ワークショップ、シンポジウム、講演、執筆依頼などの仕事はできるだけ断らずに、全力で取り組むようにしました。これは法施《ほうせ》による利他行であり、私の功徳になりますし、瞑想とダンマを受け取れた人は、文字どおり人生を変えることができるようになります。他人に教えることや他人を育てることによって新たに学ぶことも多いので、とても有意義な時間の使い方になるのです。

34 楽観主義と虚無主義の中道

世俗の生活はやはり騒がしく、さまざまな苦しみや問題が次から次へと生じるものです。いたるところに動揺や葛藤があり、生きることはドゥッカ（dukkha、苦しみ）から免れないというダンマ（苦諦《くたい》、ドゥッカ・サッチャ dukkha sacca）を、日々あらゆるところで確認しています。

生きることは楽しいことであるという楽観主義を信じている人々は少なくありません。夢や希望を持つことは確かに楽しいし、ときどきは満たされる欲望の満足も忘れられないからだと思います。しかし、楽観主義者は、自分の思い通りにならなかったときには、期待が大きければ大きいほど、一層大きな苦しみを味わいます。運良く夢や希望が叶った場合にも、やがてはその状況に慣れ、飽き、そのままの状態では満足できなくなってくるでしょう。そして、希望が叶った幸せな状況も、必ず変化していきます。形成された一切のものは無常ですから、得たものはいずれ必ず失われ、苦しみを味わうことになります。欲望の満足による幸せは、手に入れることが難しいことに加えて、実現できたとしても一時的で儚いものであり、影のごとくに苦しみがつきまといます。ですから、欲望の満足による幸せは、劣った幸福なのです。欲望から自由になることが、優れた幸福なのです。そのことに気づかずに、よく考えることもなく、失望しても新たな夢や希望を設定して、同じことを永遠にくり返してしまうのです。医学的な診断にはあてはまらなかったとしても、私たちは皆、哀れな依存症患者なのです。

さらに、楽観主義のもうひとつの問題は、生存欲（バワタンハー bhavataṇhā、有愛）を強めてしまうことです。生存欲を手放すことができなければ、けっして解脱できませんので、苦しみは永遠に続くということになります。

ですので、過度な楽観主義に陥らないためにも、世俗世界のあちらこちらで日々生じている苦しみや動揺を観察し、苦諦を考察することは、智慧を養う重要なヴィパッサナー瞑想なのです。

一方で、人生の喜びを見出すことなく、苦しみだけを観て絶望に陥れば、虚無主義に陥るかもしれません。社会の慣習や価値観には意味がない、宗教の教えにも意味はない、地位、権力、財産、経済、名誉、称賛、快楽にも意味はない、果ては生きることにも意味はないと考えるのです。虚無主義に取り憑かれると、死への欲（ウィバワタンハー vibhavataṇhā、無有愛、破壊衝動）に支配されてしまうかもしれません。虚無主義者の考え方には真実が含まれていますが、誤りも含まれています。物事には原因がないと考えたり、善も悪もないと考えたり、苦しみを終わらせる方法はないと考えるとしたら、それは邪見（ミッチャー・ディッティ micchā diṭṭhi、間違った考え）なのです。

ブッダのダンマを理解した弟子は、楽観主義も虚無主義も偏った見解であることを見抜き、その中道を賢く生きるのです。業、縁起、無常、苦、無我の法を理解し、苦しみを終わらせるための正しい修行を行います。善行為をすることは楽しく、正しい修行は楽しく、最勝の法を知るのも楽しいことなのです。

私は、出来の悪い仏弟子であるため、世俗の波に呑み込まれて溺れかけましたし、今でもたびたび溺れそうになります。しかし、忙しい生活の中でも、瞑想とダンマの学びを継続し、さまざまな布施などの波羅蜜を積むことが可能であることを少しずつ見いだしていきました。

在家の生活を送っていても、私はしばしば僧院での生活や、出家していたときの自分を思い出し、あるいは梵行にはげむ比丘たちを思い出し、今の生活を振り返っています。ですので、出家した経験は、還俗後の生活にも大きな影響を及ぼし続けているのです。在家生活には限界がありますが、できる範囲で工夫しながら出家的な要素を取り入れた生き方をすることを楽しむようになりました。

ミャンマーで短期出家修行をさせていただいて、少しですが確実に、心が清らかになり、智慧が増進したと思います。これまでの人生のなかではもっとも有意義な体験ができました。ミャンマー編の出家体験記はここまでにしたいと思います。次からはタイ編になります。

第2部

タイ短期出家編

第1話――タイでの再出家に至るまで

1 還俗後の生活と心の変化

二〇一四年一月～三月のミャンマーでの短期出家修行を終えて、在家の生活に戻り、およそ五年が過ぎました。二〇一九年、私はすっかり世俗の人間となり、仕事にも忙殺されていました。僧院の生活とは対照的に、世俗の生活は刺激が多く、雑務が多く、複雑で、心の静寂を保ち続けることは困難です。世俗の生活には戒律もなく、自由が多いので、つまらぬことを貪《むさぼ》ったり、怠けたり、思い通りにならないことに出会って怒ったり悲しんだりしてしまうことは避けがたいものです。このように、在家の生活は、心が煩悩にとらわれ、乱され、道を逸れてしまうことがしばしば起こります。私は、このまま流されて道を見失ってはいけないという思いもあり、時間をみつけてはパーリ聖典を読み、瞑想に取り組むようにしました。瞑想の実践とダンマを学ぶことによって、世間の荒波と内なる煩悩の激流から一時的にでも解放される時間をつくり、清らかな喜びと安楽を味わい、正しい道を確認し、間違った道を進まないように努めて過ごしていました。

私の仕事は、教育、研究、そして心理的な対人援助です。仕事にも正しい法と瞑想を積極的に取り入れる試みを進めました。勤めている大学では、臨床心理学者という立場ですが、心の苦しみを取り除くことを目的としているという意味では、仏教と臨床心理学の目標は同一です。

ですので、「臨床心理学」「宗教心理学」「ソマティックス演習」「ゼミナール」など大学での担当科目において、ダンマを取り入れて講義したり、正しい瞑想法の実習の時間を増やすなど、ブッダの正しい教えを学生に伝える試みを続けました。大乗仏教と初期仏教の違いをよく理解してもらうよう丁寧に解説も行いました。大学の授業以外においても、執筆、講演、ワークショップ、瞑想会、リトリート、心理療法などで、私が理解できたダンマと瞑想の実践をそれぞれの文脈に応じた形で的確に伝えていくことを試行錯誤しました。ダンマを聴いて目を輝かせる人、感銘を受ける人がいると、私はなによりもうれしい気持ちになります。伝わった喜びが、さらにしっかり、そして深く伝えたいという動機づけにもなります。しかし、一度はダンマに心を動かした人であっても、学びを継続して理解を深め、心の中で確信を得て、心の奥深くまで根づかせることは容易なことではありません。

ダンマに対する澄み渡った理解に基づく確信、つまり仏教の信（サッダー saddhā）を得ることはなかなか起こりがたいことなのです。この現実に直面し、私はどのようにしたら仏縁を得た人たちが正しい信を根づかせていけるのかということをよく考えるようになりました。

このようにその頃の私は、在家修行者として、自分自身の修行から、他者への伝達や援助ということに関心がシフトしつつありました。しかし一方で、もう一度徹底的に自分の修行をしたいという気持ちも残っていました。ミャンマーで出家修行に取り組んでいたときの自分と、その後の在家生活を比べたときに、どうしても出家していた自分のほうが充実し、心が輝き、真理の近くにいたという感覚を拭い去ることができなかったのです。私の内部にある求法心はまだ満ち足りていませんでした。さらに修行を重ねたいという上求《じょうぐ》菩提《ぼだい》の求法心と、人々にダンマと瞑想を伝えたいという下化衆生《げけしゅじょう》のベクトルが心の中でせめぎ合っている状態でした。

2　マグマ、噴火、津波、爆発の夢

在家生活も五年目に入ったある日、次のような三つの夢を見ました。これはタイへの短期出家修行へとつながる夢であることが後に判明しましたので、ここで紹介したいと思います。三つの夢は別々の日に見たものですが、同じモチーフが表現されています。私の夢日記から抜粋します。

夢1「マグマが迫ってくる」

山を歩いていると、燃えている民家が目に入る。よく見るとオレンジ色に光る高温のマグマが押し寄せて家を押しつぶしている。私は驚いて山を逃げ下りる。逃げ道のすぐ横にもドロドロとしたマグマが迫ってきていて、他の民家も次々と呑み込まれて火がついている。これは大変だと恐ろしくなり、目が覚める。

夢2「噴火、津波、天国のように美しい湖」

火山が大爆発する。麓にある湖に大量の溶岩流が流れ込み、水が溢れ出して大津波が起きる。村がゴウゴウと水に呑み込まれていく様子を驚いて見ている。津波が行き渡り、一面が湖のようになったので、私は水に飛び込んで泳いでみる。するとなぜか驚くほど水が透き通っている。湖の底のほうに綺麗な村や森があるのが見える。それが天国のように光輝いていていて、あまりの美しさに感動して目が覚める。

夢3「車の爆発」
道を歩いている。横に駐車していた車が、突然爆発し、私は爆風に吹き飛ばされる。驚いて目が覚める。

3　夢の種類

私はもうかれこれ三〇年以上夢日記をつけています。夢を見たら必ず書いているわけではなく、重要な夢だと思った場合だけ記録しています。記録するときは、目が醒めた直後に布団に入ったまま記録し、思いつく連想や解釈をメモするのです。布団から出て起き上がってしまうと、夢は急速に忘却されてしまいますし、夢の中での理屈や感情が分からなくなってしまうので、目覚めた直後に書きます。その時には夢の意味がよく分からなくても、永い年月がたった後に分かることもあります。ここで紹介した三つの夢は、重要な意味があると感じたので、夢を見た直後に記録しました。

心理学者のなかにも、夢にはなんの意味もないという人もいますが、実際に夢をよく分析すれば、それは明らかに間違いであることが分かります。確かにたいした意味のない夢も多くあるのですが、夢にはたくさんの種類があり、意味深い夢があることは確かです。

大きく分けると、意味のある夢には二つのグループがあります。

第一のグループは、心身の状態を表現している夢や、無意識の願望や葛藤を表現している夢です。これらは内面が表現された夢であり、オーソドックスな深層心理学的な解釈ができます。

第二のグループは、未来を予知する夢や、遠く離れた場所での外的な出来事を伝えてくれる夢です。この種の夢は、重大な病気、事故、災害、戦争、誕生、死などがコンテンツになることが多いです。古くから正夢とか予知夢と呼ばれているもので、ユング心理学では共時性（シンクロニシティ）による夢と説明されます。自己の境界を超え、時間と空間を超えて情報が伝わることが特徴です。私はとくに親族の死、事故、大きな病気については、何度も予知夢を見たことがあります。夢枕のような正夢を体験している人は非常にたくさんいることが私の大学の授業の調査でも確認できています。

別の分類法もあります。第一は、人生に対するメッセージ性を帯びた重要な夢で、これを大きな夢（Big Dream）といいます。第二は、日常的な些細な出来事や印象に残ったことを反映しているにすぎない小さな夢（Small Dream）です。小さな夢は私は記録はしません。

このように夢の種類を識別し、解釈の方法を知っていると、夢から多くの重要な情報を得て、深く全体的な生き方ができるようになります。夢によって自分の心身の状態や無意識を知ることができたり、大きな出来事が起きる前にあらかじめ心の準備をしたり、生きるヒントを得られたりすることがあります。このような夢との付き合い方を心得ていると、心理療法では他者援助に役立てられることもあります。ちなみに、誤解している方が多いので付言しておくと、夢の内容をインターネットで検索しても、あまり意味はありません。夢は夢を見る人が置かれた固有の内外の状況を踏まえてはじめて的確に理解できるものですから、夢辞典を調べても、的を得たものとはならないことが多いのです。

4　夢の解釈仮説

先ほど紹介した三つの夢について、私は布団の中で次のような解釈の仮説をメモしました。

解釈仮説1は、第一グループの夢の解釈ですが、私の中にある怒りか、私の周辺にいる人の怒りが、象徴的にマグマの噴出、津波、車の爆発として現れているというものでした。しかし、小さな怒りはいくつか思い当たることがありましたが、噴火・津波・車の爆発というほどの強力な怒りが自分の中にあるとは思えませんでした。私の周囲の人も思い浮かべてみましたが、私を嫌っている人はいたとしても、これほど激怒している人がいるのか、やや疑問が残りました。

解釈仮説2は、第二のグループの夢解釈で、実際に火山が噴火するという可能性です。私は富士山のすぐ近くに住んでいますし、湖も比較的近いので、もしかしたら噴火するのかもしれないと思いました。しかし、この解釈では夢3の車の爆発の意味が不明でした。

解釈仮説3は、やはり第二のグループのメッセージと解釈し、マグマ、噴火、津波、爆発に象徴されるような大きな出来事が起き、その後、夢2ように美しい天国のようなところに趣くというものです。もしかして近い将来私は死んでしまうのかもしれない、しかし死後はよいところに転生するということかもしれない、と考えました。

どの解釈にも確信を持つことはできませんでしたが、この三つの夢が無意味な夢ではなく、意味のある大きな夢であることだけは分かっていました。夢の大小の識別は、夢の内容、夢を見た時間や、インパクトの強さや鮮明さによってある程度察しがつくのです。

5　死にそうな激痛の中のヴィパッサナー瞑想

夢3を見てからおよそ一カ月がたった春のある日、突然の出来事に襲われました。私は事故に遭い、救急車で病院に搬送されました。血管が破断して出血が止まらず、治療室のベッドは血の海になりました。医師が傷口を指で押さえて、血が吹き出るのを堰き止めていました。私は震えが止まらず、歯はガチガチと音を立てています。医師に「なぜこんなに震えているのでしょうか」と尋ねました。医師は、「大量出血によるショック症状です。危険な状態なのですぐに手術します」と応じました。私は寒さと意識が遠のく感覚に襲われていました。そして傷に激痛が走り、思わず「ぎゃー」と叫びました。医師が血管を縫い付けているのです。「先生、麻酔は打ってもらえないのですか?」と聞くと、「血圧の上が60を下回っています。この状態では麻酔は打てません。このまま縫います」と言います。野戦病院のような状態で、激痛でさらに意識が遠のきそうになります。

このとき私は思いました。「これは死ぬかもしれないな。それなら今こそ瞑想をする時だ」と。私は治療を受けながらヴィパッサナー瞑想を始めました。瞑想の対象は、次から次へとやってくる激痛、震えが止まらない寒さ、血の気が引いて意識が飛びそうななんともいえない感覚でした。「私の痛み」という妄想を離れて、「ただ痛みがある」と、他人事のように、痛みや身体の感覚を詳しく観察するよう努めました。「まだ呼吸をしているぞ、吸っている、吐いている、吸っている、吐いている、ああまだ生きている、痛みがある、『ぎゃー』(さすがに激痛が来ると反射で叫んでしまいます)、叫び、強い痛み、震え、歯がガチガチ音を立てる、痛み、意識が遠のく、まだ呼吸できている、看護師さんが耳元で必死に励ます声が聞こえる（見ず知らずの私のためにすごく親身になってくださるなぁと思う）、痛み、痛み、吸っている、吐いている、『ぎゃー』、激痛、……」このように、緊急手術を受けながら、身体の感覚を観察するヴィパッサナー瞑想を行っていました。

6 もう一度修行したい

このように死に瀕して手術を受けながら、不思議なことですが、私は「あれ、けっこう瞑想ができるな」と思いました。アビダンマ（論蔵）には、死ぬ直前の心の状態が、次の転生の人生の青写真になると書かれていることを思い出し、もしも今心が乱れて死んでしまったら、次の人生が大変なことになってしまうかもしれない、という考えが浮かびました。だけど、今は、瞑想ができているので大丈夫ではないか、と確認できました。そして、もしこのまま死ぬとしても、未練はないなと思いました。やるべきことはやれた人生だと思ったのです。しかしそのすぐ後に、「もう少し修行をしたかったな」という考えが浮かんできました。「今回の人生でダンマに出会い、修行することができ、深い瞑想を体験できた。本当によい人生だった。でも、せっかくここまで来られたのだから、できればもう少し修行を進めておきたい」と思ったのです。「もしもこのまま死んでしまったら、また人間に生まれ変われたとしても、赤ん坊からやり直さなければならないな、それはなかなか大変だから、できれば今回の人生でもう一度、集中的に修行したい」と思ったのです。そう思っているうちに、意識が薄れてきて、まもなく意識がなくなってしまいました。

7 命は尽きず

どれくらいの間、意識を失っていたのか分かりませんでしたが、あるとき再び意識が戻ってきました。視界が明るい感じがしたので、「悪いところに生まれ変わったわけではなさそうだ」と思いました。目を開けてみると、死んで転生したのではなく、病院のＩＣＵ（集中治療室）のベッドの上でした。身体の周りには湯たんぽのような温かいものが敷き詰められ、体温を上げているようでした。酸素吸入器の管、点滴の管、導尿管が身体に取り付けられ、身動きできない状態でしたが、意識が回復したことに看護師さんが気づいて、ベッドサイドにきて「気づきましたか。よく頑張りましたね」と言ってくれました。意識を失うまで、血まみれの治療の場でずっと親身になって声をかけて励ましてくれていた方でした。死にそうに大変な状況でも、強い想いは伝わってくるものだと思いました。しばらくすると治療してくれた医師がやってきて、「石川さん、あと十分救急車が遅かったら助かっていなかったですよ。血液の三分の二が流出してしまいましたから、ギリギリのタイミングでした」と伝えてくださいました。「そうですか、それはありがとうございました」と御礼を述べました。救急隊の方、医師、看護師さんたちの必死の処置のおかげで、今回の人生をもう少し生きられることになったのです。いただいた命だなと思いました。

四日間ＩＣＵにいましたが、順調に回復し、点滴以外の管はすべて外すことができるようになり、一般病棟の病室に移りました。そこであと二週間ほど治療を受けることになりました。私はずっと忙しい生活をしてきたので、職場にも入院の了解が取れて、ゆっくりできるよい機会だと思いました。静かに瞑想したいと思ったので、出費は覚悟で個室の病室を希望しました。富士山麓にある富士吉田市立病院というところに入院していたので、「できたら富士山側の病室をお願いします」と希望を伝えました。するとちょうど富士山側の部屋が空いたというので、そちらに移動できました。私は自宅の寝室からも富士山が大きく見えるのですが、病室でも大きく目の前に富士山が見えました。自宅とは少し角度が違うので、微妙に異なる富士山の姿をベッドに寝ながら眺めることができました。

病室から望む富士山

8 富士山が明滅している！

病室で横になって富士山を眺めていると、ある時、あのどっしりしている富士山が、非常に速いスピードで明滅していることに気づきました。血が足りないために眼がおかしくなったのかとはじめは疑ったのですが、血液量が十分回復しても同じように見えるので、身体的な障害ではないようです。眼球を動かしても明滅は影響を受けないので飛蚊症などの眼の病気でもありません。

富士山だけでなく、雲も、建物も、病室の壁も、ベッドも、自分の手も足も、すべてチラチラと素早く明滅して動いているのが見えました。ははーっ、物質は不動の固形物のように見えているけれども、それは見せかけの姿で、本当はこうなっているんだな、と思いました。私はそれを面白がって観察していました。暗くなっても同じように見えるので、日が沈んでも部屋の電気をつけずに明滅する様子を観察していたのですが、看護師さんが入ってきて、「あれっ、お部屋暗いですね。電気つけますよ」と言って電気をつけてしまいました。本当は暗いまま眺めていたかったのですが、説明したら病気だと思われそうなので黙っていました。

アマゾンで見た明滅する山（『修行の心理学』152ページより）

私は二〇一二年に奥アマゾンのジャングルでシャーマンの儀式に参加したときのことを思い出しました。ある儀式が終わった後、私は眠れなくて真夜中にジャングルの中の開けた場所で、倒木に一人で腰掛けていました。すると突然、色とりどりの光が蠢《うごめ》く山のヴィジョンを鮮明に見たのです。この時のヴィジョンは、もしかしたら富士吉田病院で富士山の明滅を見ることを予示していたのかもしれないと思いました。アマゾンでは実在していない山を見るヴィジョン体験でしたが、今回は実際に存在している富士山が明滅しているのを目撃したのです。（アマゾンでの光る山のヴィジョン体験については拙著『修行の心理学』の一五〇～一五三ページに書かれていますので関心のある方はこちらをご参照ください）

9　入院リトリート

こうして、物質の明滅を見つめる瞑想を楽しみました。身体が回復してくると、背筋を伸ばして坐る瞑想もできるようになりました。仕事やスケジュールに追い立てられないので、入院生活はゆったりした気持ちで過ごすことができ、リトリートのように瞑想し、満ち足りた心になりました。この「入院リトリート」によって、身体をしっかり休めて回復させると同時に、俗世間で疲れた心もリフレッシュすることができました。

思えば、死にかかったおかげで、いろいろな恩恵がありました。第一に、激痛に見舞われて死にそうなときにも瞑想ができたこと。これで、少しですが、死ぬ自信がついたかもしれません。第二には、今死んだとしても、今回の人生には満足できていて、無念はないと思えたこと。第三には、できれば今回の人生でもう少し修行をしておきたいことがハッキリしたことです。

この事故は、一般的に見れば不幸な出来事なのですが、私の中ではギフトのような時間でした。死に直面して人生をゆっくり見つめることができ、物質の明滅を見る眼が開かれ、ゆっくり休んで蓄積した疲れを取ることができたのです。ちょうど春休みだったので、授業をひとつも休講にすることもなく、学生に迷惑をかけずに済んだのも幸いでした。退院した次の日から大教室で授業を行うことができました。大学に勤めておよそ二〇年になりますが、死にかかったおかげで、新任のような新鮮な気持ちで授業をすることができました。命がギリギリのところまでいって危なかったのですが、振り返ってみると、結果的には計画されたかのようにすべてがうまくいったのです。

10　夢の種明かし

こうして、先述の三つの夢の解釈を確定することができました。内面の怒りという解釈仮説1や、火山噴火の予知という解釈仮説2はほぼ棄却されました。解釈仮説3が正解にもっとも近かったと思いますが、若干の修正が必要です。

夢1の流れるマグマ、夢2の噴火、夢3の爆発は、どれも血管が破断し、血が大量に噴き出してしまうことを示す予知夢だったのではないかと思います。車の爆発は、それが事故によって突然起こることを暗示しています。マグマに押しつぶされる家屋は、身体を象徴し、身体が壊れそうになることを示しています。噴火の後、津波で湖が出現し、天国のように美しい透き通った湖を泳いだのは、ICUを出た後に、人生の総括と今後の目的を整理でき、病院の個室でリトリートのような恵まれた瞑想的時間を過ごし、富士山の〝本当の姿〟を見て喜びを覚えたことを象徴しているように思います。幸いにも、死んで天国に行くのではなく、生きたまま天国を味わい、再びこの身体で生きるチャンスが与えられたのです。

こうして、事故・入院という不思議な恩恵を通して、心は次の段階に進むことができました。そして、もう一度、今回の人生でしっかりと修行に取り組もうという気持ちが確立し、二回目の短期出家修行に向かったのです。

第2話——編み出した修行の要諦

11 信と決定心が修行を決める

私は、修行がどうなるかは修行を始めるまでに少なくとも七〇パーセントくらいは決まっているように思います。修行の成果はさまざまな内外の要因の縁起によって決定されますが、そのなかでも心の準備はもっとも重要な要因です。心の中に、正しい理解に基づく信（サッダー saddhā）と、修行に対する決定心《けつじょうしん》（アディッターナ・チッタ Adhiṭṭhāna citta、必ず目的を達するという強い決意）が整えば、必ず修行の道は開かれるのです。

修験道の開祖である役行者《えんのぎょうじゃ》（六三四～七〇一年）は、「誠心の信心を以て峰に入れ、聖は静として遂ぐ、不聖は怖れとして止まる。王世の縛に拘わらず、唯だ山伏の道を事業とせよ」と語ったと伝えられています。現代語に訳せば、「まことの信心をもって峰に入りなさい。まことの信心がある者は、修行に妨げが入りません。まことの信心がない者は、怖れの心が生じて修行に妨げが入ります。世間の考え方やあり方に縛られることなく、ただ山伏の道を中心にして生きなさい」という意味だと思われます（伊矢野、二〇〇四年）。これをさらに初期仏教の文脈に置き換えて解釈すれば、「ダンマに対する理解に基づく澄み渡った確信と信頼をもって修行に励みなさい。そうすれば修行が妨げられることはありません。正しい信がないと、心が揺らいで修行が妨げられます。世間の常識や人々のいうことにとらわれず、ひたすらに仏道を歩みなさい」ということになるでしょう。

修行に取り組むさまざまな人を見ていて、この役行者の言葉はなるほどそのとおりだと得心がいきます。正しい見解に基づいた修行への熱い思いがある人は、必ず修行ができるようになっており、それはだれにも止められないのです。一方で、邪《よこしま》な見解を持っていたり、修行への熱意や決意のない人は、横道に逸れるか、さまざまな障害が生じて修行できなくなってしまうか、修行の場が与えられてもいずれ行き詰まってしまうという現実を私はあちこちで見てきました。私が今回の人生ではじめて本格的な修行を行ったのは修験道でしたので、仏弟子である役行者は偉大なる先達であり、仏縁をいただいた法友と思って恭敬しています。

12 修行する時間と場所の確保

このような経緯があり、再び短期出家をして集中的に修行する心が内面で固まりました。次は修行の外的な準備です。まずは、修行のためのまとまった時間が必要なので、再び職場にサバティカル（研究専念期間）の申請を行いました。私の職場で、二回目のサバティカルを申請したのは私がはじめてだったらしく、会議では私の申請に対して異論が出されたようなのですが、結果としては運良く認められました。こうして修行の時間を確保することに成功しました。

次に、修行をさせていただく場所について検討しました。二つの候補が私の頭に浮かびました。ひとつは、二〇一四年にはじめて短期出家修行させていただいたミャンマーの僧院です。こちらで修行させていただく場合は、ふたたびパオ式の体系的なプログラムに基づいた瞑想指導を受けることができます。この指導法のおかげで私は定力が大きく伸びましたし、僧院の様子も分かっているので、新しい環境に適応する努力が少なくて済み、修行がしやすいという利点があります。

二つめの候補は、日本人の比丘が副住職を務めているタイの森林寺院です。こちらの寺院は、所属する比丘は十数名と小規模でありながら、冠婚葬祭やお墓などには関わらず、比丘たちは一日一食で過ごし、戒律をしっかりと守りながら、お釈迦様在世時さながらに修行に専念しているということです。この僧院はタイ北部の山奥に位置し、最寄りの村まで五〜八キロあり、毎日そこまで歩いて托鉢に行くということで、体力も必要とのことでした。瞑想修行の方法については各比丘に任せられており、瞑想指導は行っていないということでした。

私はこれらの情報を収集して、迷うことなくタイの寺院に行ってみたいという気持ちに傾きました。その理由は三つありました。

第一は、知らない環境に飛び込んで挑戦することで、新たなものが得られるだろうという期待です。経験の幅を広げること自体が、修行になると思ったのです。

第二は、ミャンマーと双璧をなす仏教大国であるタイで修行してみたいという思いが強かったことです。余談になりますが、私はタイ・マッサージが好きで、二〇〇七年にその施術を修得するためにバンコクに数週間滞在していました。当時は仏教には関心がなかったのですが、その時にタイで目にした仏教の様子がとても印象に残っていたのです。まず、タイ・マッサージの始祖は、ブッダの直弟子であった医師ジーヴァカ・コーマーラバッチャ（Jīvaka Komārabhacca）とされていて、マッサージ店ではではしばしばブッダと並んで

ジーヴァカの病院跡（インド・ラージギル）

案内表示（インド・ラージギル）

ジーヴァカの像や肖像画が飾られていました。ジーヴァカは複数の原始仏典に登場する実在の仏弟子であり、彼の病院の跡が現在のインドのラージギル（当時のラージャガハ）という町の山中に残されています。霊鷲山や竹林精舎とも近く、私は実際にジーヴァカの病院跡を訪れたことがあります。

ジーヴァカの没後、主に上座部仏教の寺院でタイ伝承医学が脈々と継承され、バンコクのワット・ポーという古い王宮寺院には、薬草やマッサージの知識が石版に刻まれています。こうした歴史的経緯から、タイ・マッサージの施術は、合掌にはじまり（タイ語でワーイ）、慈悲喜捨の心で行い、瞑想的な意識で施術すべきと教えられるなど、仏教的な精神が織り込まれているのです。

タイ・マッサージを習いにタイに来たときに、空いている日にバンコクやアユタヤの寺院や仏教遺跡をひとりで歩いて回ったのですが、そこで見かけた比丘たちや信心深いタイ人の、穏やかでありながら厳かな立ち居振る舞いが目に焼き付いていました。このような諸々の経験から、タイに惹かれていたのです。

タイ・マッサージ修了（バンコク：後方のイラストはジーヴァカ）（上）。ワット・ポーでルーシーダットンというタイの健康法をする（バンコク）（下）

13 ブッダが先生

タイの寺院で出家したいと思った第三の理由は、瞑想指導を受けずに自力の出家修行をしてみたいと思ったことです。ミャンマーの僧院では系統的で個別的な瞑想指導を受けることができ、そのおかげで大きく修行が前進したのですが、本書第1部「ミャンマー短期出家編」で述べたとおり、還俗後は多忙によって、国際電話を通じた瞑想指導を継続することができなくなりました。

その後、私はどこにも継続的な瞑想指導を受けに行くことはありませんでした。「ブッダが先生だ」と思い、ブッダの本当の言葉である可能性がもっとも高い経典（パーリ聖典）をガイドとして瞑想に取り組みました。ブッダは二五〇〇年前に入滅していますので、今は質問することも直接の指導を受けることもできないので、経典の言葉だけが頼りで、あとは実践しながら自分でよく考えて理解を深めるしかありません。しかし、私はこのやり方がとてもしっくりきていました。指導を受けたほうが上達が早いかもしれないのですが、ブッダの言葉を頼りに、自分でよく考え、気づき、工夫し、試行錯誤をくり返しながら一歩一歩進むことによって、線の太い瞑想力・修行力が育まれ、理解も深まりました。還俗後の私は、このように勝手ながら「私の先生はブッダ」であり、自分は「出来の悪いブッダの弟子である」と考えて、ブッダを全面的に信頼しながら独自に修行を行い、これでやっていけるという手応えを得ていたのです。

14 ブッダ直伝の修行を求めて

修行の進め方は重要なことなので、私がこのときに考えたことをもう少し付け加えておきます。ミャンマーのパオ式の瞑想法は、経典（スッタ・ピタカ）だけではなく、論蔵（アビダンマ）や、『清浄道論』（visuddhimagga）などのアッタカター（注解書）の影響を色濃く受けています。私が「ブッダが先生」として修行するということは、ブッダが在世していた初期仏教の時期には存在していなかったアビダンマやアッタカターは一度脇に置いておくということでもあります。もちろんこれらを参考にしてもよいと思うのですが、ブッダの多くの直弟子が阿羅漢果を証悟したという事実は、後世の書物がなくてもブッダの教えだけで十分に完全な解脱に至れる可能性があることを証明しています。アビダンマやアッタカターは、どこまでブッダが説いた内容なのか不明なところがあり、阿羅漢でない人が考えた誤った情報が混入していないとは言い切れないところがあります。このようなリスクがあることに加えて、たとえ正しかったとしても、アビダンマのような高度に知的な理論は、接し方を誤ると知的な迷路に迷い込み、かえって解脱を遠ざけてしまうリスクもあるように思いました。

ブッダのすごいところは、無駄な概念をつくらず、回りくどい飾った言葉を用いず、神話や抽象論に逃げることなく、もっとも大切なことをストレートに表現したということです。論蔵の執筆者達がそうだというわけではありませんが、知的能力が高い人は、しばしば難解な概念、論理、理論を構築し、その見解に酔い、議論に執着し、本質を見失うという失敗を犯しがちです。このような罠にはまらないように、仏教の初期の頃のようにブッダの弟子としてまっすぐに注意深く修行してみたいと私は考えたのです。したがって、私は三蔵の中でもとくに経蔵と律蔵（ヴィナヤ・ピタカ）を頼りとし、論蔵やアッタカターは参考書と位置づけることにしたのです。これはパオ・メソッドを否定するのではなく、別の道を歩いてみようと考えたということにすぎません。できる限り純粋なブッダ直伝の修行に挑戦してみたかったのです。

15　守破離の修行

　このような考えに至ったのも、修験道の修行経験が影響しています。私はかつて熊野で七度、修験道の修行をさせていただきました。はじめの三回の修行のときには、すべて師匠がプログラムを決めてくださり、私は与えられたプログラムやスケジュールに沿って修行を行いました。ところが、四回目に熊野に行ったとき、自分で修行のプログラムを考えるようにと言われました。初心者が適切な修行のプログラムを組むことは困難ですが、何度か型に沿って修行をした経験があり、ある程度の達成と理解が伴えば、修行の目的を達成するためにどのようなことをどのくらいの回数でどのくらいの強度で行うのが適切なのか、自分で考えることができるようになります。このようにプログラムを自分で組むと、修行に対する理解が深まり、より多くの気づきを伴った深い修行になります。

　学問を学ぶときにも、教師の教えを受けて受動的に学び続けるだけではなく、一定程度学び終えたら、今度は学んだことを人に伝えようとするとよいのです。よく理解していないとうまく伝えることはできないので、適切に伝えようと努力すると、自分がより深く学ぶことになります。

試験問題を解くことはよい勉強方法のひとつですが、一定水準の学力を得たら、今度は自分で問題を作るとよいのです。よく理解していないとよい問題は作れないので、よい試験問題を作ろうと努力すると、より深くその学問を理解することができます。

これと同じように、徹底的な指導を受けて素直に修行をするのはよいことですが、一定程度修行が進んだら、今度は自分で修行の方法を考えるとよいのです。よく理解していないとよいプログラムは作れないので、よいプログラムを作ろうとすると、修行のエッセンスをより深く理解することができるようになります。

これは茶道などでいわれる、いわゆる守破離《しゅはり》の段階を踏むことに通じています。指導された方法に素直に忠実に従って一心不乱に修行することが「守」、その方法をよく分析し理解して自分なりの工夫や改善・改変を試みる段階が「破」、その試行錯誤による経験と洞察をもとに、流派を離れて自分なりの方法を確立するのが「離」ということになります。「離」が結果として、指導された方法と同一になったならば、それはそれでよいのです。その場合、教えられたことをたんにそのままやっているはじめの段階とは、理解の深さがまったく異なっているのです。

16 修行のアレンジと超えてはいけない基本

上座部仏教にも、瞑想修行の方法にはさまざまな流派があります。日本で知られているところでは、ミャンマーでいえばレーディ・サヤドー系（ゴエンカ式）、マハーシ系、パオ系、タイではチャルーン・サティ系、森林派などですが、これらは創始者が守破離の段階を経て、自分のため、あるいは信者のために確立した修行体系なのではないかと考えられます。このようにさまざまな修行法が提案されているのですが、パーリ聖典に書かれているブッダの教えに従って修行をすれば、これらの流派の瞑想法を行わなければ覚れないということはないはずなのです。もちろん、これらの流派の修行法を否定するものでもありません。

一方、八正道や四念処は覚りに至る唯一の道であるとブッダは説いていますし、三学（戒学、定学、慧学）は仏道修行の基本構造なので、これらに変更を加えたり、省いてしまった修行法では解脱には到達できないと考えられます。そこまで逸脱してしまえば、流派の違いで済まされるものではなく、仏教の範疇を超えてしまっているといえるでしょう。ダンマに沿った修行法であれば、さまざまな工夫の余地がありますが、ダンマに反する修行法になってしまえば、修行の目的を達成できなくなりますから、その峻別はしなければなりません。「仏教」と名前がついていればどんな修行法でもよいということにはなりません。

このように、修験道の修行経験も参考にして、初期仏教の出家修行においても、流派にこだわらず、ブッダのダンマをもとに自ら考えて試行錯誤しながら実践する修行をやってみたいと私は思ったのです。

以上のように、新しい環境へ挑戦したいこと、仏教大国タイで修行したいこと、流派を超えてブッダの純粋な教えに従った自立的な修行に励みたい、という三つの理由から、私はミャンマーではなくタイで短期出家することに決めたのです。

第3話——出国、出家の手続き

17 出家の準備と手続き

タイの僧院で修行したいと心が定まると、具体的な準備と手続きに入りました。まず、出家先の僧院で副住職をされている日本人比丘のマハープンニョー長老（落合隆師）に連絡を取り、短期出家修行をさせてほしいと願い出ました。長老は、二〇一九年一一月に来日されており、その時に私のために時間を作ってくださり、東京の喫茶店でお会いすることができました。そこで挨拶を済ませ、出家の動機、仕事の内容や状況、これまでの修行歴、修行に関する要望などを簡潔にお伝えしました。長老は親身に耳を傾けてくださり、長老のお寺で短期出家修行者として私を迎え入れてくださることになりました。ミャンマーでは沙弥出家でしたが、今回はその経験を踏まえて比丘出家することを認めてくださいました。話し合いの最後に、サンガへのお布施をお渡しし、受け取っていただきました。

拙著『心を救うことはできるのか：心理学・スピリチュアリティ・原始仏教からの探求』（サンガ、二〇一九年）も供物として受け取ってくださいました。

タイに滞在するためのビザの申請には多くの書類が必要とされていて、準備はけっこう大変でした。書類について不明なことがあったので、タイ王国大使館に電話で問い合わせをしたのですが、いつも話し中で、ようやくつながったのは数日にわたって四〇回以上電話をかけてからになりました。いろいろ調べながら、ビザ申請書、パスポート、写真、英文経歴書、英文の渡航理由書、航空券、宿泊予約証明、勤務先の休職証明書（私の場合は研究専念期間証明書）、英文の預金残高証明書、申請料四五〇〇円を用意しました。さらに、タイでの在住先の人物に関する証明書や招聘状等が必要なので、お寺の住職でタイ人のアチャン・ノッパドン宛てに出家願いの文書を英語で作成して送りました。しばらくすると住職名の出家の招聘状が届きました。マハープンニョー副住職からは、身分証、保証書、そしてタイ語で書かれた大使館宛の要請書を郵送していただきました。これで申請に必要な書類はすべて揃いました。

東京の品川にあるタイ王国大使館にビザ申請の予約を取り、書類を揃えて提出しました。窓口ではタイでなにをするのかについていろいろ質問をされたので、寺院に滞在して仏教の修行や研究を行うことを説明しました。審査の結果、無事観光ビザを取得することができました。日本人の詐欺集団が多数タイで活動しているため、日本人のビザの認可が厳しくなっているという情報を聞いていたので、ホッとしました。

今回の短期出家も一月はじめから三月末までの三カ月間弱の予定でしたが、取得した観光ビザでは二カ月しか滞在できないので、渡航後二カ月以内に現地のイミグレーション（出入国管理事務所）を訪れて、一カ月間の延長申請をして、合計三カ月間修行する予定を立てました。教育ビザ（EDビザ）というものを取得すれば延長は必要なくなるのですが、こちらは申請の手続きが非常に煩雑で審査もより厳しいため、それよりは簡略で取得しやすい観光ビザで渡航することにしたのです。

18 タイに出発 ～チェンマイへ

すべての準備と手続きが整い、二〇二〇年一月九日の深夜〇時五分羽田発の飛行機に乗り、日本を出国しました。翌一〇日朝、現地時間の五時（時差は二時間なので日本時間の七時）にバンコクのスワンナプーム国際空港に到着し、そのままトランジットで国内線に乗り換え、七時に離陸しておよそ一時間のフライトを経て、八時一五分にタイ北部のチェンマイ国際空港に到着しました。

空港に降り立つとムワッとした熱気に迎えられ、南国に来た実感が湧きました。真冬の日本からやってきたので一晩で三〇度くらいの温度差です。上着を脱いで鞄にしまい、手持ちの円をバーツに両替しました。三日間限定のＳＩＭカードを購入してスマホにセットし、僧院に入るまでネットにつながる環境を確保しました。

チェンマイはタイ北部の山岳地帯にある中心都市です。一三世紀から一九世紀後半までラーンナー王朝の首都として栄えた歴史のある街で、現在約一七〇万人が暮らす大都市です。チェンマイに来るのははじめてだったので、街を歩いてみるために一泊だけ市街地のホテルに宿泊することにしていました。宿泊先のプラザホテルというところに向かうため、空港を出てチェンマイ市街を循環するシティバスに乗ろうとしたのですが、バス停に着くとちょうど目の前でバスが出発してしまいました。それを見ていたトゥクトゥクのおじさんがすかさず私のもとにやってきて、一〇〇バーツでホテルまで乗せていくと言ってきました。バスなら二〇バーツですが、次のバスが来るまでには一時間以上あるようなので、交渉して五〇バーツ（日本円で約一八〇円）でホテルまで送ってもらいました。

19 チェンマイ派のタイ・マッサージ

ホテルにはまだチェックインできませんでしたが、荷物を預かってもらい、さっそく周囲を散歩してみました。私の好きなタイ・マッサージの店がたくさんありました。タイ語・英語・日本語で施術についての説明が書かれている看板を読んでいたら、店からタイ人が出てきて声をかけられたので、そのまま入ってみました。九〇分の施術で四〇〇バーツ（およそ一四〇〇円）でしたので、日本の五分の一以下の料金でしたが、とても上手な施術で、良いマッサージ師に当たりました。おかげで機中泊の長旅の疲れを癒すことができました。蛇足ですが、タイ・マッサージには技法によってワット・ポー派とチェンマイ派の二大流派があります。私が以前タイで学んだのは前者だったので、本場チェンマイで後者のタイ・マッサージを受けてみたいという思いもあり、その好奇心も満たすことができました。

20 チェンマイの寺院・瞑想センター巡り

タイ・マッサージで身体がほぐれたところで、近くの大衆的な食堂に入り、ランチを取りました。その後タクシーに乗って、二つの寺院を参拝しました。

ひとつめは、チェンマイ市街の西にあるステープ山の頂上にあるドイ・ステープ寺院(Wat Phra That Doi Suthep)です。標高一〇八〇メートルの場所にあり、チェンマイの街を一望できます。こちらは観光客が集まる有名寺院でとても賑わっていました。仏舎利(ブッダの遺骨)が納められているとされていて、多くのタイ人の信仰も集めています。このお寺には国際仏教センターがあり、奥のほうには瞑想センターがあります。瞑想センターを少し覗いてみると、白衣を纏った西洋人が瞑想修行を行っていました。他に比丘たちが暮らしている僧坊もあります。

ふたつめの寺院は、ワット・ラム・プーン(Wat Ram Poeng)です。こちらはガイドブックにはあまり載っていないのですが、ヴィパッサナー瞑想のリトリートのコースを提供し、英語で指導を行っているので、さまざまな国籍の人が瞑想に励んでいます。私の二人の知人がこちらで瞑想修行をしたという話を聞いていたので立ち寄ってみました。境内に足を

標高1080メートルにあるドイ・ステープ寺院（チェンマイ）。仏塔（左）。仏像（右上）。
法話する比丘（右下）

瞑想センター（上）。瞑想する在家修行者（下）。いずれもドイ・ステープ寺院

知る人ぞ知る瞑想寺院のワット・ラム・プーン（チェンマイ）。仏像（上左）。坐る瞑想（上右）。歩く瞑想をする在家修行者（下左）。伽藍（下右）

踏み入れると、落ち着いたよい雰囲気でした。とても静かで、あちこちで白衣を纏って座っている人、歩く瞑想をしている人、オレンジの衣を着た比丘たちを見かけました。修行者たちが修行する姿を見て、私も明日から僧院に行って修行できる喜びと、引き締まるような緊張感が湧き上がりました。

21 修行寺に到着

翌一一日の朝一〇時、プラザホテルのロビーで、私が修行させていただく寺院の比丘と、在家の執事の方と待ち合わせでした。早めにチェックアウトを済ませて、ロビーのソファーで待っていると、袈裟を着た比丘が近寄ってきて、「石川さんですか?」と日本語で話しかけてくださいました。この比丘は、これから三カ月にわたってとてもお世話になる日本人のパンニャーワロー比丘です。パンニャーワロー比丘は他の寺院での集中的な頭陀行を終えたところで、その帰りにこちらのホテルに立ち寄ってくださったということです。

挨拶を済ませると、玄関前には執事のラーさんがトヨタのピックアップトラックに乗って待っていました。ラーさんは七〇歳くらいと聞きましたがとても元気で快活な方です。

ライチづくりなどの農業を生業とされていますが、若い頃沙弥出家の経験があるそうで、ずっと寺院の事務や雑務を取り仕切っておられる方です。

チェンマイ市街のプラザホテルから寺院へは、南へおよそ一〇〇キロの距離があります。四時間近くかけて移動し、いよいよ今回短期出家修行させていただく寺院に到着しました。ラーさんに御礼を言い、タクシー代に相当するお金をチップとしてお渡ししました。

この僧院の正式名称は、プラプッタバートタモ寺院（Wat Phraphuttabat-tamo）です。前日参拝した街中のワット・ラム・プーンも静かな寺院でしたが、こちらは周囲にまったく民家のない山の中で、さらに深い静寂に包まれていました。

22 プラプッタバートタモ寺院の特徴

タイの上座部仏教の寺院は、初期仏教に由来するという点では共通していますが、いくつかの種類に分けることができます。観光客が集まる有名寺院、大学等を併設している学問寺院、システマティックな修行プログラムを提供する瞑想センターを擁する寺院、葬儀などの仏教儀礼を主に行う寺院、修行者が集って修行生活を共に行う修行寺院です。プラプッタバートタモ寺院は、人里離れた閑静な森林のなかにあり、多くの時間を瞑想修行に

プラプッタバートタモ寺院の境内（上左）。モンドゥップ（廟）（上右）。仏塔（中左）。
仏足石と釈迦苦行彫刻画（中右）。仏像（下左）。蓮の花（下右）

当て、冠婚葬祭、墓、檀家などには関わりませんので、最後のカテゴリーの修行寺院に該当します。五〜一〇名程度の比丘が修行する、こじんまりとした静かな森林修行寺院です。「こじんまり」といっても土地は広く、立派な山門、多くの伽藍《がらん》や仏像、出家者用の僧房や在家修行者用宿舎などの設備が整っています。

瞑想の時間は毎日たくさんありますが、寺院として特定の瞑想法を指導することはないため、比丘は各々異なった修行を自主的に実践していることが特徴です。寺院の中心付近に小さな図書室があり、日本語の仏教書もたくさんあるので、教理の学習をすることもできます。インターネットは副住職が持っているルーターがオンになっているときだけつながるので、ネットの情報が必要なときには副住職のいる時に図書室で利用することができます。酒、たばこはもちろん、新聞やテレビを見ることも禁止されています。食事は一日一食で、完全菜食です。朝晩の二回、全員揃っての読経と瞑想の時間があります。

23　4期の短期出家修行

一一月に東京でお話しさせていただいた副住職のマハープンニョー長老が図書室で私を迎えてくださいました。挨拶を交わすと、これからのスケジュールの概略について以下のように教えてくれました。

第0期：在家修行者として修行。お寺の生活に慣れ、ルールを覚える五日間。白衣を着用。出家式の準備。二〇二〇年一月一一日〜一月一六日。一月一六日に出家式。

第1期：出家修行者として通常の修行生活。一月一六日〜二月二五日の約四〇日間。

第2期：不浄観の修習。バンコクの警察病院を訪れ、死体の解剖を見学。二月二〇日〜二二日の三日間。

第3期：完全無言行。だれとも一切会話を交わさず、目も合わさず、僧院から離れた小屋で過ごし、ひとりで集中的に瞑想修行を行うリトリート。二月二六日〜三月二二日の約一カ月間。

第4期：研究会。日本から仏教学者などが参加し、それぞれ仏教に関する研究発表を実施。（私はダンマ・セラピーの発題を予定し、準備は日本で完了済み）三月二二日。

限られた修行期間を充実させるために、このような盛りだくさんな4期の修行メニューを考案してくださったのです。

モンドゥップ(廟)と池(上)。仏像(伽藍の内部)(中)。仏像(廟の内部)(下)

24　在家者修行と出家式

第0期は、在家修行者として、比丘になってから必要になる多くの作法について、親切丁寧に教えてもらいました。比丘は二二七の戒律を守るだけではなく、それ以外のお寺独自の習わし（ローカルルール）が数多くあり、覚えることに必死でした。入社したての新入社員のような感じで、ときにはメモを取りながら覚えました。それでもたびたび失敗しましたが、その都度「それは違います、このようにしてください」とそれぞれの比丘が的確に教えてくださいました。朝の托鉢も比丘の後ろについて同行し、立ち居振る舞いや道などを覚えました。

出家式の準備はけっこう大変でした。出家式は、①出家請願、②皮五業処、③帰依と受戒の請願、④三宝帰依、⑤十戒、⑥衣止《えじ》請願、⑦授具足戒儀規（布の上に立って試問を受ける）、⑧受具足戒の請願、⑨遮法、以上の九段階から構成されています。この段取りについて詳しい内容を知りたい方は、ワチラヤーン著、落合隆編訳『テーラワーダ仏教の出家作法』（中山書房仏書林、二〇一四年／ＰＤＦダウンロードサイト　https://dhammavinaya.jp/wp-content/uploads/2021/01/upasampada.pdf）をご参照ください。出家を誓願する者は、各段階でパーリ語の台詞を唱えなければなりません。出家式に書籍や紙は持ち込めないので、すべて暗記する必要がありました。パーリ語の台詞を覚えるだけでもけっこう大変なのですが、対話形式になっているので、どこでその台詞を言うのかも覚えておかねばなりません。さらに、適時に三拝、跪座《きざ》（ひざまずいた姿勢）で座る、合掌する、布の上に立つ、衣を受け取る、鉢を持つ、法衣に着替えるなど、決められた所作も頭に入れておく必要があります。第0期はお寺の生活に馴染み、しきたりを覚え、出家式の台詞と所作を暗記することで精一杯でした。それでも比丘たちがとても親切に応対してくださったので、安心して充実した気持ちで過ごすことができました。

一月一六日、出家式の日、寺院内にある藁葺《わらぶ》き屋根で壁のない開放構造になっている布薩堂というところで出家式のセッティングを行いました。開始時刻が近づくと、僧院内外の十数名の比丘と在家信者の方々が集まりました。式はおよそ四〇分くらいだったと思いますが、タイ人のパーリ語はタイ語なまりが入っていることもあり、聞き取れずに台詞のタイミングを逸してしまうことがありました。タイ語なまりとは、パーリ語をタイ文字に変換することよってパーリ語の発音が変わってしまうことによって生じます。たとえばダンマはタンマ、ドゥッカはトゥッカ、カンマはガンマという発音になってしまうのです。タイの仏教は大きく二つの派があり、一九世紀にできたより初期仏教に近く戒律に厳しいタンマユットと、昔からあるやや世俗化されたマハーニカーイです。多くのタンマユット派の寺院では、正しいパーリ語の発音で統一されているらしいのですが、こちらの寺院ではタイ語なまりの発音でした。私が台詞を言うタイミングを見失ってしまったときには、マハープンニョー長老が小声でささやいて合図をしてくださったので、なんとか無事出家式を終えることができました。多くの方々の支援によって、晴れてタイで比丘になることができました。

タイの出家式でも新たな法名をいただきました。パーリ語でダンマラトー(Dhammarato)という名前です。タイ語なまりで発音するとタンマラトーになります。名前の意味は「法楽者」、つまり法を喜ぶ人という意味です。私はダンマを純粋に心から喜んでいることには一点の曇りもなく自信があるので、素晴らしい法名をいただけたと思いました。これからの修行でさらにダンマの理解を深め、法楽者でありたいと思いました。

布薩堂（外観）（上）。布薩堂（内部）（中）。
托鉢するパンニャーワロー比丘と施者（下）

第4話　タイ森林僧院の出家生活と先輩比丘

25　第1期の日課

私の出家したタモ寺に止住する比丘の修行生活は、原則として次の日課に沿って過ごします。

4時〜5時　瞑想（新布薩堂）
5時〜5時30分　朝課（読経）
5時30分〜6時　掃除
6時20分〜8時　托鉢
8時〜　朝食・鉢洗い・片付け
9時〜15時　各自修行

15時〜16時　掃除
16時〜　お茶
18時30分〜19時　夕課（読経）
19時〜20時15分　瞑想（新布薩堂）

朝三時半に起床し、クティ（寝起きする小屋）から皆で瞑想をする新布薩堂まで懐中電灯を照らしながら移動します。私は新参比丘なので、先輩比丘たちがやってくる前に到着し、全員の比丘の座布をパンサー（出家してからの年数＝安居の回数）に従って決められた位置に置き、長老が使用する経台やマイクをセッティングします。四時になると皆が集まり、一時間全員で瞑想を行います。一月は日中の気温は三五度以上にもなりますがまだこの時間は寒いこともあり、猫が新布薩堂に入ってきて私の身体に身を寄せて暖をとっていることもありました。瞑想が終わると、三〇分ほどパーリ語で経を唱えます（朝課）。一部の経は、パーリ語の後にタイ語訳もあわせて唱えます。読経が終わると長老に三拝して、それぞれ決められた場所で掃除を行い、托鉢の準備をします。

26　托鉢と食事

日の出の時刻になると、鉢を持って寺院を出発し、五キロほど離れた村まで裸足で歩いていきます。村に着く頃には周囲が明るくなり、老若男女の村人が自宅や商店などで待ち受けていて、比丘の姿を見ると次々とお布施をします。毎日供物を用意して比丘が来るのを待っておられる方がたくさんいました。走っている車が歩いている比丘の姿を見かけてハザードランプをつけて停車し、車から降りてきて履き物を脱ぎ、布施をすることもしばしばありました。商店で買い物をされている方も比丘の姿を見かけると、手近にある商品を手に取って布施し、後で会計をしているようでした。

比丘の鉢に供物を入れると、施者は頭を垂れて合掌します。すると比丘は次の経の一説をパーリ語で唱えます。

Abhivādana-sīlissa《アピワータナシーリッサ》 niccaṃ《ニッジャン》 vuḍḍhāpacāyino《ウッターパジャーイノー》,
cattāro《ジャッターロ》 dhammā《タンマー》 vaḍḍhanti《ワッタンディ》 āyu《アーユ》 vaṇṇo《ワンノ》 sukhaṃ《スカン》 balaṃ《バラン》.

托鉢する比丘

つねに礼節をわきまえ、年長者や栄えある者を敬う人には、
四つのことが増大します。長寿、美しさ、幸せ、徳の力です。

(dhammapada109)

ミャンマーの托鉢では経を唱える習慣はありませんでしたが、この地域のタイ人の方々は、みな合掌して経を聴くという作法を身につけていました。帽子を取り、履き物を脱いで、合掌する姿は美しい立ち居振る舞いです。さらに追善廻向を希望する施者の場合には、比丘は別の偈を加えて唱えます。経を唱え終えると、比丘は施者と目を合わせることも会話を交わすこともなく、足早に立ち去ります。

村に入ってから二〇分ほど歩くと、捧げられた供物で鉢とヤーム（トートバッグのような布製の袋）三袋がいっぱいとなります。これを寺に持ち帰り、皆で分け合って食事をいただきます。食事の際、比丘は一段高い台に上がり、三拝します。食前に経を唱えます。経の前半は、施者の苦しみがなくなり、幸せであることを願う慈悲の偈です。後半は比丘が托鉢食をいただく意味を確認する以下の経を唱えます。

Paṭisaṅkhā《パティサンカー》 yoniso《ヨーニソー》 piṇḍapātaṃ《ピンタパーダン》 paṭisevāmi《パティセーワーミ》,

食事前の比丘

正しくこの托鉢食を省察し、それに従って用います。
neva《ネーワ》 davāya《タワーヤ》 na《ナ》 madāya《マターヤ》 na《ナ》 maṇḍanāya《マンタナーヤ》 na《ナ》 vibhūsanāya《ウィブーサナーヤ》,
戯れ、驕り、虚飾、見栄のためではなく、

yāvadeva《ヤーワテーワ》 imassa《イマッサ》 kāyassa《ガーヤッサ》 ṭhitiyā《テディヤー》 yāpanāya《ヤーパナーヤ》
vihiṁsuparatiyā《ウィヒンスパラティヤー》 brahmacariyā《プラマジャリヤー》 nuggahāya《ヌカハーヤ》
ただこの身を支え、飢えなどの苦痛をなくし、
ひたすら仏道修行を歩むためだけに食します。

iti《イティ》 purāṇañca《プラーナンチャ》 vedanaṁ《ウェータナン》 paṭihaṅkhāmi《パティハンカーミ》
navañca《ナワンジャ》 vedanaṁ《ウェータナン》 na《ナ》 uppādessāmi《ウパッテーサーミ》,
これにより、飢えによる苦痛はなくなり、
新たな苦痛が生じることがなく、

yātrā《ヤーダラー》 ca《ジャ》 me《メー》 bhavissati《パウィサディ》 anavajjatā《アナワッチャダー》 ca《ジャ》 phāsuvihāro《パースウィハロー》 cāti《ジャーディ》.

私の修行生活は、災いのない安らかなものとなるでしょう。

＊パーリ語に付したルビはタイ語の発音

このような心構えで気づきを保ちながら食事をいただきます。もちろん食事中に会話をすることはありません。食事は朝の一回のみです。布施された食物が余った場合には、学校や保育園に寄付されます。南国の農村なので、ミカン、レモン、バナナ、ライチ、パパイヤなどのフルーツのお布施が多く、これらはクティに持ち帰って食べることができます。ただし正午を過ぎたら、不非時食戒により、医薬を除き、固形物を食べることはできません。

新参比丘は、長老が食べ終わったら、長老の前で床に頭をつけて三拝し、決められた作法で食後の鉢を下げ、洗い、乾かして、決められた位置に置いておくという役割があります。ですので長老よりゆっくり食べることはできません。長老というのは一〇パンサー以上(出家して一〇年以上)の比丘のことで、寺院に滞在する比丘はしばしば入れ替わりますので、長老が多く滞在しているときにはたくさんの鉢を洗うことになります。

全員の食事が終わり、残飯は大きなコンポストに入れて土に還し、乾かした鉢を元の場所に戻し終えたら、食堂の掃除をします。これで托鉢と食事が終わります。ここまで済ませるとだいたい八時半くらいになります。ここでお茶やコーヒーを飲んで一服することもありました。

27 医薬

日本にあるのかどうかは分かりませんが、次頁の写真の柑橘類はハリータカ（haritaka）と呼ばれるもので、レモンよりやや小ぶりです。胃腸を整える医薬として律蔵に記載されているので、午後になっても食べることができます。堅くてとても酸っぱいので食べにくいのですが、確かに胃腸に効きそうな味でした。

ヨーグルトも律蔵で医薬とされているので午後に食べることができます。牛乳のお布施があったときには、ヨーグルトの種菌を混ぜてタッパーに入れて外においておくと、午後三時くらいにはヨーグルトができあがります。一時期、私はヨーグルト係になったので、つくったヨーグルトを希望する比丘ごとに小さなタッパーに入れて冷蔵庫に入れるということをしていました。

ハリータカの実

28　自主的な修行の時間

食事が終わってから一五時までのおよそ六時間は、自主的な修行の時間です。この重要な時間に私が中心的に取り組んだ瞑想は、色界禅定（rūpāvacara jhāna）の修習を基軸として、一六段階の出入息随念（ānāpānasati）、四無量心の瞑想（catu appamaññā citta bhāvanā）、天随念（devatānussati）、身至念（kāyagatāsati）、四界分別観（catu dhātu vavatthāna）です。いずれもパーリ聖典に基づいて、自分なりに試行錯誤を重ねながら実践しました。

タイの第1期では、ミャンマーで短期出家したときのように、一気に非常に深い瞑想に上昇するということはありませんでした。なぜそうなったのかと考えると、ミャンマーの沙弥出家では、個別の瞑想指導の下で、生活のほとんどの時間をサマタ瞑想の修習に傾け、それ以外のことは何もしない生活でした。一方、タイの僧院では瞑想指導はなく、サマタとヴィパッサナーの多種類の瞑想を自ら考えて取り組んだこと、そして瞑想以外にも比丘としてやるべきことや新しく覚えるべきことがたくさんありました。このような相違によって、タイの修行生活のほうが瞑想への集中度が拡散されたということもあったように思います。しかし、これは想定内であり、修行生活全体が大切な学びであると考え、自分のペースで修行を進めていきました。

瞑想の合間に、経の暗誦をしたり、身の周りの掃除、衣の洗濯（たらいで手洗い）、水浴び（風呂やシャワーはないので桶で水をかぶる）をしました。図書室に行って仏教書を読んだり経典学習をしてもよいのですが、日本でもできる知的学習は最低限に留め、出家中は瞑想により多くの時間を割くように心がけました。

29 掃除の時間

一五時から一六時は、比丘全員で寺院全体の掃除を行います。敷地が広く、伽藍も多いので、掃除する場所はたくさんあります。タイの一月から三月は乾期なので、落葉樹は毎日葉を落とすため、落ち葉掃きはほとんどエンドレスの作業です。場所を見つけての掃き掃除を中心に行い、それが終わるとトイレの掃除や建物内の拭き掃除なども行いました。

考えてみると、掃除は瞑想によく似ています。次から次へと落ちてくる落ち葉を掃除するように、瞑想では心の中に次から次へと湧いてくる塵芥（煩悩）を掃除し続けるのです。掃除にも、片付け、掃き掃除、拭き掃除、磨き掃除、水洗いなどいろいろな方法があるように、瞑想にもさまざまな方法があるのです。

タイの一五時ごろはまだ日差しが強く、気温も三五度以上あることも少なくありません。日向での掃き掃除はかなり体力を消耗します。朝は五キロ離れた村まで毎日托鉢で歩きますので、身体をよく使う修行生活です。

私のなかでは身体的な負荷が大きい修験道の修行経験が役に立っていたように思います。修験道の開祖・役行者《えんのぎょうじゃ》は、「身の苦によって心乱れざれば 証果自ずから至る」と語ったと伝えられています。身体の苦しみによって心が乱れなければ、自然と覚りに至るという意味です。あえて苦しみを求めるのは偏った苦行になりますが、人間として生きている以上、身体を適切に使い、知り、整えることは欠かせない修行であるように思います。私はブッダの次の言葉を現代人へのメッセージとして心に留めています。

比丘たちよ、いま、比丘たちは丸太を枕にして生活し、不放逸で、修行に熱心である。悪魔パーピマンは彼らを攻略できず、その機会も得ない。

比丘たちよ、将来、比丘たちが優雅になり、手足が柔弱になり、柔らかな寝具と平らな枕で、太陽が昇るまで眠るなら、悪魔パーピマンは彼らを攻略し、その機会を得るであろう。

（浪花宣明訳 SN20「譬喩相応」）

30　お茶の時間

一六時はお茶の時間です。午後になっても、飲み物ならば自由に飲むことができます。私はレモンを搾ってレモンジュースを飲むことも多かったです。お茶の時間は、先輩の比丘といろいろな話をすることができるのでとても有意義な時間でした。話題は、ダンマ、律、瞑想、修行、経典、伝説的な比丘のエピソード、日本・ミャンマー・スリランカ・タイの仏教関連の状況など多岐にわたり、表面的なことのみならず、かなり突っ込んだ話をたくさん聞くことができました。これは比丘になったからできた話ですので、これだけでも出家した価値があると思いました。

タイで出家している日本人の比丘は、職業僧侶ではなく、それぞれ本気の求法心を持っておられる本物の修行者です。ブッダのダンマに確信を持ち、文字どおり家も仕事もすべて捨て、生まれ育った日本での生活も捨てて、タイの山奥で修行に励んでおられるのです。私のような短期出家の修行者とは異なり、人生のすべてを修行に懸けています。しかも、ほとんどブッダの正法が伝わっていない日本において、文化的なサポートがまったくない

お茶をいただく場所

環境でダンマに出会い、学び、確信し、上座部仏教の修行寺に自ら飛び込み、このような生き方をしているところに凄みがあります。ですので、比丘たちの考え方ひとつひとつが深く、また経験も多様で面白いのです。あまりにも楽しくて時間を忘れ、二時間以上話し込んでしまうこともあり、マハープンニョー長老から話が長くなりすぎないように何度か注意を受けたほどです。

一八時半からは新布薩堂に集まってお経を唱え（夕課）、一九時から七五分間の瞑想を行います。その後は懐中電灯を照らしてそれぞれのクティに戻り、一日を振り返って反省し、就寝します。第1期はこのような日課で毎日の修行生活を送りました。

31 パンニャーシッポー比丘

パンニャーシッポー比丘は当時五五歳の先達であり、印象に残ることをたくさん教えていただきました。出家前、日本でさまざまな業種で働かれ、ダンスや空手の名手であり、霊能者修行に励み、陸上自衛隊員や日蓮宗僧侶を務めるなど多才であり、世俗世界の表と裏を熟知されている方です。その後上座部仏教で出家し、ミャンマー、タイ、スリランカで修行し、現在は再びタイのこちらの寺院で修行をされています。ミャンマーでサマタ瞑

パンニャーシッポー比丘（左）とタンマラトー比丘（著者・右）

想の修行もされているので、禅定について実践者でなければ分からない具体的な修行のヒントもいろいろ教えていただきました。

「修行は理詰めでやるもんやで」という言葉も印象に残っています。ロジカルな戦略家である一方で、直感力に優れ、型にはまらない思考力があり、本質を見抜く能力に長けた方です。「日本の仏教は江戸時代の檀家制度と明治時代の廃仏毀釈で完全に崩壊した」「神の名は人間が作った役職名で、その席にさまざまな神が座るだけ」「出家しないと阿羅漢になれないというのは後代の創作ではないか、阿羅漢は出家かどうかにはこだわらないと思う」など、独自な見解も興味深く、共感できることが多かったです。まさに智慧の職人（パンニャーシッポーの意味）という感じの比丘です。

32 パンニャーワロー比丘

パンニャーワロー比丘は当時三五歳で、三一歳の時にこちらの寺院で出家されたそうです。お寺の生活、作法、修行に関する諸情報、タイの文化などについてたくさん親切に教えてくださいました。律蔵、経蔵、仏教書を読み込んでおられ、タイ語の学習、ナクタムという仏教の教理試験にもチャレンジするなど熱心な勉強家です。法・律・修行のルールなどについて私が質問すると、根拠を示して説明してくれたり、分からないときには一緒に考えてくれたり、図書室で調べてきて後日資料を提示しながら教えてくれることもありました。普通の組織であれば、新人がしつこく質問すれば煙たがられて敬遠されるか、「できるようになってからものを言え」と言われることが多いと思いますが、パンニャーワロー比丘は嫌な顔を見せずに、ひとつひとつ丁寧に回答してくれました。わざわざ調べてきてまで回答してくださることに御礼をいうと「考えたことがないことを質問してくれるので私も勉強になります」と答えてくれました。このような探究的で誠実な対応をしてくださったことはとてもありがたかったです。私は、意味が分からないまま流れに任せて習慣化してしまうことが気持ち悪かったので、新しい修行の慣習の中で浮かんでくる数々の素朴な疑問を、気軽にパンニャーワロー比丘に質問することができたおかげで、納得して修行に向かうことができました。

日本でマハープンニョー長老に布施した拙著『修行の心理学』が図書館に置かれていたので、パンニャーワロー比丘はそれも目を通してくださっていました。ですので、パンニャーシッポー比丘と三人で、シャーマニズム、化生、転生について楽しく語らうこともできました。

仏塔を礼拝するパンニャーワロー比丘

パンニャーワロー比丘は、学究肌であるだけでなく、若い頃ひとりで一年間インドを放浪していた時期があり、その経験が今も役立っていると言っていました。掃除などのお寺の作務も精力的にこなしておられました。比丘として生きるには、どこでも一人で生きていけるようなサバイバル能力が必要なのです。

また、緻密で真面目な話をしていたかと思うと、突然オチをつけることがあり、笑いのセンスも持っています。根が真っ直ぐな性格なので、ギャップがあって面白いのです。少し意地悪だったかもしれませんが、私が「お釈迦様は比丘たちに冗談を言うなといっていますよね」と言うと、「そうです、冗談を言う人は笑喜地獄に落ちると言っています」との回答でした。確かに経典には次のように書かれています。「『舞踊者として、舞台の真ん中で、見世物の真ん中で、真実と嘘によって人々を笑わせ、楽しませる者』が、人々の貪欲、瞋恚、愚痴を過度に惹きつけ、自ら酔い、心酔し、他者を酔わせ、心酔させました。彼は死後、笑喜と呼ばれる地獄に生まれ変わりました」（片山一良訳、SN「ターラプタ経」）。しかし、パンニャーワロー比丘の場合は、経典で指摘されているような人を笑わせて自他を酔わせ、真理から目を逸らせ、煩悩を喚起しているわけではなく、悪意のない適度なユーモアなので、笑喜地獄には落ちないだろうと私は思います。むしろ堅くなりすぎた思考をほぐし、俯瞰的に物事を見る視点を与え、リラックスさせる効果をもたらしますので、善行為になるかもしれません。「小さい頃お父さんによく吉本新喜劇に連れていってもらっていました。オチのない話を続けていると罪悪感がわいてしまう癖があります」と大阪人特有の気質を自己分析されていました。

ある時、パンニャーワロー比丘は、「出家というのはカジノでいうとブッダに百賭けるということです。手持ちをゼロにしてすべてを賭けるのです。ブッダに百です」と、チップの山を賭ける仕草をしながら語っていました。全存在を賭けているという強い思いは、彼の修行態度の随所で感じられました。すべてに全力で取り組んでいるので、穴の少ないオールラウンドな修行者になられているように感じました。日本の在家者のことも気にかけておられましたので、熱心な修行が実を結び、将来日本人に素晴らしい仏法の恩恵を伝えてくださるかもしれません。私が「日本仏教界の切り札とお見受けします」とお伝えしたら、「なにかに取り憑かれないと無理でしょう」とユーモアで謙遜されていましたが。

33　SNSは比丘を堕落させる

ある時パンニャーワロー比丘は、「SNSによって堕落する比丘が多い」と言いました。私は「比丘はSNSをやってよいのですか？」と尋ねると、「いけないと思います」と即答でした。初期仏教の時代にはもちろんインターネットはありませんでしたので、SNSを制限するような律はありません。この寺院では、インターネットは副住職が持っているルーターがオンになっているときだけ図書室でつながることができると先に述べましたが、このような制限は、現代の修行において考慮すべき重要な点を含んでいると思います。ネット上には刺激的な情報が無尽蔵にありますので、眼や耳を防御せずに無防備に曝されれば、愛着のような煩悩を引き起こす可能性は高いでしょう。煩悩が生起すれば、心は汚れ、悪業《あくごう》となります。仏道の修行とは、諸々の悪から離れ、心を浄らかにすることを目的としていますので、修行者はそのようなものを見るべきではないでしょう。ブッダは、修行者は感官を防御する習慣（インドゥリヤ・サンワラ・シーラ indriya-saṃvara-sīla）を持つようにと教えたのです。

とくにSNSでは、コンテンツには問題がなかったとしても、さまざまな人々とさまざまな形態でつながることができるため、そこで愛着が起きたり、承認欲求に振り回されたりすれば、やはり心は汚れ、悪業となってしまいます。フォロワーの数を気にしたり、「いいね」などのレスポンスを望むようになれば、もはや承認欲求という貪欲に支配されてしまっているといえるでしょう。

ネットやSNS自体が悪いわけではありません。ダンマへの洞察を促したり、心を清らかにする情報であれば有用です。しかし、煩悩を生起させる情報や関係性はとても多く、知らず知らずのうちに引き込まれてしまうことが多いので、ネットとつながるときには修行者は非常にマインドフルであることが必要だと思われます。ブッダが現代に生きていれば、ネットに関連する律がたくさんできていたのではないかと思われます。

もちろんこのことは、出家修行者だけではなく、現代に生きる私たちは皆、ネットやSNSの利用の仕方に注意深くある必要があると思います。私はミャンマーでもタイでも短期出家している間は、飛行機のチケットを予約するなどの必要なわずかの場合を除いてはネットにはつながらず、テレビも新聞も見なかったのですが、それは瞑想修行にとっては欠かせない重要な肯定的要因であったと実感しています。修行に専念するときには、ダンマと修行法以外の情報は少なければ少ないほどよいのです。

第5話――深い平安を感じる修行生活

34　修行の衣食住

タイの僧院での修行生活の衣食住は次のようでした。比丘が着られる衣は、原則として重衣、上衣、下衣、内衣の四種のみです。これ以外の服に着替えることはできません。衣は質素なものに限られており、タイで最上位のサンカラート（大僧正）や大長老であっても、私のような新参比丘であっても、だれもが一式一万円以下の衣を纏っていると聞きました。

食は、朝の托鉢で得た一食で、完全菜食です。ブッダは殺生を厳に戒められていますが、布施された肉を食することは咎められていません。食に関しては、食の量を知るようにとだけ説かれています。それでも、この僧院のように独自の菜食の方針を掲げる場合があり、肉類が布施されてもそれを避ければ完全な菜食となります。一日一食の菜食で、毎日托鉢で長い距離を歩き、掃除や移動でもけっこう身体を動かすため、私は約三カ月間で体重が一〇キログラム減少しましたが、空腹で辛いと思ったことは一度もありませんでした。

住居は、石を積んでつくられた四メートル×七メートルほどの広さの質素なクティ（小屋）が割り当てられました。内部には、コンクリートの寝台、小さな机と椅子、ガラスの

クティの外観（上）と内部（下）

ない網戸付きの開放の窓、トイレと水道がひとつずつ、裸電球と蛍光灯が一灯ずつ備え付けられていました。綿の入った寝具は禁止され、薄手のマットを敷き、大きな布を掛けて寝ます。水はそのままでは飲めないので、湯沸かしポットがあります。その他、扇風機、コップ、タライ、枕、雑巾、竹箒、小さな仏像がありました。いたって簡素ですが、修行には最適で、必要十分な僧房でした。

35　布薩日前日は蒸し風呂でリラックス

上座部仏教では、満月と新月の日は比丘にとっての布薩日（ウポーサタ uposatha）と定められています。在家信者はさらに上弦下弦の半月の日も布薩日となり、タイのカレンダーには布薩日がブッダのマークで示されています。

この僧院では、布薩日の前日は夕課（夜の読経）がなく、蒸し風呂に入る習慣があります。元大工だったタイ人比丘が手作りした小さなサウナが僧院にあり、中に入ると真っ暗ですが、詰めて座れば六人くらい入れます。乾期なので毎日とても乾燥していますし、風呂もないので、熱い蒸気に満たされたサウナはとても身体が喜び、リラックスできました。剃髪するのも布薩日の前日と決められています。

มกราคม
2563
公元二〇二〇年一月
January
2020
ธนาคารกสิกรไทย
KASIKORNBANK
บริการทุกระดับประทับใจ
February
2020
ธนาคารกสิกรไทย
KASIKORNBANK
บริการทุกระดับประทับใจ

タイのカレンダー

手作りの蒸し風呂

出家して一週間後に迎えたはじめての布薩日前日に、剃髪を終え、蒸し風呂から上がり、夕暮れ時に簡素なクティで休憩しているとき、私は大きな幸福感に包まれました。新しい修行生活で身体に疲れがたまっていましたが、心は満たされていました。騒がしいリゾート地や高級ホテルでは決して得られない、桁違いの平安です。ネットにつながっていない情報断食のような環境でも、このような最高の安楽を得られるのです。このようなよい修行環境で、よい修行者に囲まれ、正しい修行をさせていただいていることに感謝の気持ちでいっぱいでした。

36 パーティモッカ

布薩日には寺院の比丘全員が布薩堂に集まり、代表者がパーティモッカ（pātimokkha 波羅提木叉）を唱えます。パーティモッカとは比丘が護持する二二七の戒律条項のことで、半月の間、これを守れたかどうかを自己確認、自己反省し、もしも違反があれば告白し、懺悔します。

驚くべきことに、パンニャーワロー比丘はパーティモッカの二二七項目をすべてパーリ語で暗記しています。布薩堂の中央に置かれた低い台座の上に座り、比丘がその周りを取り囲む中で、目を閉じて一気にパーティモッカを唱えます。三倍速のテープレコーダーかと思うくらいの早口で唱えるのですが、それでも全部唱えるのに四〇分くらいかかります。これをすべて暗記するのは並大抵のことではないと私は思いました。地道に積み重ねて暗記したことを後で伺いましたが、私には超能力のように思えました。

パンニャーワロー比丘のほかに、二月にこの寺院を訪れた日本人比丘であるメッタチッタ長老もパーティモッカを暗誦されました。メッタチッタ比丘は私がミャンマーで沙弥出家しているときにも、同じ僧院で修行されていた方です。その他にも、パーティモッカを暗誦できる日本人比丘がイギリスに一名、スリランカに一名いるということです。

37　精霊との遭遇

ある日の夜一〇時過ぎ頃だったと思います。一日の修行をすべて終え、クティで横になって眠ろうとしたとき、不意に強烈な視線を感じて全身が凍り付きました。恐る恐る視線の感じられるほうに注意を向けると、北側の小さな窓から小学生くらいの小柄な女の子がこちらをじーっと覗いています。「うわあ、出た～」と動転しました。しかしすぐに、ここは落ち着こうと思い直し、意識的に身体の力を抜き、深い呼吸をしました。彼女はどんな存在なのだろうかと思い、意識を向けてみました。もちろん、こんな山奥のなにもないところで、深夜に小学生の女の子がいるはずはありません。身体からぼんやりとした光を発していて、人間ではないことは明らかでした。しかし、邪悪なものは感じられず、むしろ清らかなエネルギーを感じました。ただ、私のほうにしっかりと意識を向けていて、なにかを言いたそうな雰囲気を感じました。もしかしたらこの辺りに住んでいる精霊さんなのかなと思い、次のように心を込めて念じました。「精霊さん、こんにちは。私は日本という遠くの国から修行に来たものです。びっくりさせてしまっていたらごめんなさい。あなたの生活を邪魔することはありませんので安心してください。しばらくここで修行させてください。精霊さんが幸せでありますように。精霊さんの苦しみがなくなりますように。精霊さんに悟りの智慧が現れますように。サードゥ、サードゥ、サードゥ」。するとまもなく、気配が感じられなくなり、北側の小窓にはもうだれもいませんでした。想いが通じたようだと感じ、私はそのまま眠りにつきました。

翌日、托鉢と食事を終えてクティに戻ってくると、少女が現れた北側の窓の外側に行ってみました。するとそこに木が立っていたので、もしかしたらこの木に住んでいる樹神さんかもしれないと考えました。樹神が登場するパーリ聖典を読んだことがあったからです。そこで、この木のまわりにたんまりと積もっていた落ち葉を掃いて掃除し、衣を洗ったあとの水をこの木のまわりに撒《ま》くようにしました。「精霊さんが幸せでありますように。修行させていただいてありがとう」と念じながら。

38 友人としての化生

修行をするときには、他の修行者との関係が大切であることは言うまでもありませんが、それは人間だけではなく、縁のある化生《けしょう》（母胎や卵などからではなく忽然と生まれる生命。人間と畜生以外のほとんどの生命は化生です）たちとの関係もとても大切だと私は思っています。修験道の回峰行を行ったときには、険しい山道を一人で歩いているときに多くの存在に見守られていることを実感しましたし、アマゾンのシャーマン体験では多くの精霊やパワーアニマルと遭遇し、時には憑依されて一体となり、さまざまなコミュニケーションを取り、修行を導かれた体験があります。法友は人間だけではなく化生も含まれているのです。再度のご案内になりますが、この体験について詳しいことは、拙著『修行の心理学：修験道、アマゾン・ネオ・シャーマニズム、そしてダンマへ』（コスモス・ライブラリー、二〇一六年）に書いてありますのでご関心のある方はそちらをご参照ください。

パーリ聖典の『スッタニパータ』に収められている慈経（メッタ・スッタ metta sutta）は、

修行者が無限に養うべき慈しみの心についてブッダが詳しく説いた有名なお経です。注解書によると、ブッダが慈しみについて説法したのは、雪山の麓で比丘たちが修行していたときに、樹神たちの出現に悩まされていたために、慈しみによって対応するように教えたという背景があったとされています。もしもこれが真実であれば、私も対応の仕方によっては樹神に悩まされていたかもしれません。当時この因縁譚《いんねんたん》（お経が説かれた背景）は知らなかったのですが、慈しみをもって精霊に話しかけたことは、図らずもブッダの教えに沿った対応を私は取ったことになります。

なお、精霊と遭遇したことを他の比丘に告げたところ、パンニャーシッポー比丘が次のように応じてくださいました。「以前、今、石川さんがいるクティにいたことがあるんやけど、夜、やっぱり女の子が出たわ。北側の小さな窓からこっちを覗いとった。顔を見とったら眼が縦にグルグル回りだしたので、うわぁ化けもんや思うたで」と。女の子だけではなく、餓鬼が現れたこともあるといいます。さらに「こういう話ができる人が来てくれてうれしいわ」と言ってくださいました。やはり、土地に縁のある精霊さんか樹神が、新しく入ってきた私のことが気になって姿を現したのかもしれません。日本の概念で言うと、座敷童子《ざしきわらし》に該当するもしれません。座敷童子を見た人には幸運が訪れるとよく伝えられていますし、実際その後の修行は実り多いものになったので、よい出会いだったと感謝しています。

39　秘密の階段の夢：戒と戒禁取の中道への扉

タイでの修行をはじめて二週間ほど過ぎた二〇二〇年一月二五日の未明、次のような鮮明で印象深い夢を見ました。

夢4「秘密の階段を見つける」

大きな建物の中にいて、地下鉄のホームに降りようとする。しかし表示が紛らわしくて、ホームへの行き方が分からない。大勢の人がエレベーターに乗ろうとしているが、このエレベーターに乗ってもホームにはたどり着けないと私には分かっている。どうしたらたどり着けるか探していたら、見つけにくい扉があるのを発見する。その扉を開けると階段があり、階段を下りると、地下鉄のホームに行くことができた。正しいルートを見つけたぞ！　と思う。

夢日記のノートには、この夢からの連想として、「道は大通りにはない」と書きました。

皆が乗ろうとしているエレベーターに乗っても決して目的地に到達できないということです。つまり、このとき私はこの寺院にやってきて、新しく戒律やしきたりを一生懸命学び、先達の比丘たちからいろいろ教えていただきながら修行に励んでいるわけですが、それに身を任せて適応すれば自然と覚りへと導かれるというわけではないということです。覚りに至る道は、自分でよく探して見つけ出し、エレベーターに運ばれるのではなく、自らの力で進む必要があるということでしょう。これを見失ってしまい、適応することだけに心を奪われると、修行がたんなる異文化体験に堕してしまうという、警告。いわば「パンニャー・ドリーム（paññā dream、智恵による夢）」とでも呼ぶべきものだと思います。

ブッダは弟子を育てるときに、弟子が問題を起こすと、再び同じ失敗をしないように戒《かい》律を設定し、それを守るように指導されました。一方で、戒律、慣習、儀式にとらわれ、執着すると覚りの第一の流れに入ることができないともブッダは説いています。これを戒禁取《ごんしゅ》（シーラッバタ・パラーマーサ sīlabbata-parāmāsa）といいます。戒律を守るようにという指導と、戒禁取は矛盾しているようにも見えるのですが、この矛盾を両立するところにこそ修行の妙味があるのです。戒律や慣習を守ることはとても大切ですが、それに固執せず、形式に堕さず、戒律の真意を理解して実行することが大切なのです。律蔵を読むと、弟子が問題を起こすたびに新たな律が制定された経緯が書かれているので、律の真意を理解するのに役立ちます。形式を軽んじず、同時に形式にとらわれない中道を選び取る智慧がないと、修行が実を結ばないのです。宗教というものは、必ず形式主義に陥り、本質が失われていくという宿命を持っています。人間は本質的に無智であり、煩悩を中心に生きる生き物だからです。これに対してブッダの教えは、この煩悩中心の生き方を打破し、智慧によって生きるための教えなのです。

この夢は、私が多くの戒律や寺院の慣習に適応することに大きなエネルギーを使っているときに、大切なものを見失わないための指導のようなものです。この日の夢日記の最後には、「世間法にとらわれず、純粋なダンマをみることがもっとも大切だ」と書きました。

40　ゾンビを預けられる夢：内なる癒しと餓鬼供養

この夢にはさらに続きがあります。

夢5「ゾンビを次々と預けられる」

秘密の階段を下りて、地下鉄のホームにたどり着く。ホームで電車を待っていると、地下鉄がやってきて目の前で停車する。扉が開くと、中に乗っていた見知らぬ中年の女性が私を見て「石川先生を待っていたんです!」という。そして、生まれてすぐに死んでしまったか、まだなんとか生きているか分からないような赤ん坊の身体や、もう少し大きなゾンビのようなものを次々と私の方に投げ渡す。私は驚いて、ゾンビのドロドロとした生温かい重みの感触に「うわー気持ち悪い」と思う。しかし、このゾンビを大切にしなければいけないと思って、恐る恐る抱きしめる。

私は夢日記のノートに夢を記録すると、感想として、「私の中の死人、縁のある餓鬼、もろとも廻向・供養して救済しよう。今ならできる!」と書きました。

まず、このゾンビは何者かということですが、私は子どもを堕ろしたとか、亡くしたという経験はないので、自分の子どもではないと思われます。したがって、第一の解釈の可能性としては、自分の中の殺されてしまった心の領域がゾンビとして象徴されていて、これが助けを求めているということが考えられます。いわば、助けを必要としている瀕死のインナーチャイルド(内側にいる傷ついた子どもの心)ということです。

第二の解釈の可能性としては、比丘として修行をしている私に、餓鬼が助けを求めてやってきたということです。「見知らぬ中年の女性」は、供養してくれそうな修行者を見つけて、餓鬼に紹介している存在なのかもしれません。

私は、この二つの解釈のどちらも当たっているような気がしました。内なる死人（傷ついたインナーチャイルド）と、外側に存在する餓鬼が、両方とも助けを求めているのだと思ったのです。ですので、グロテスクなゾンビから逃げ出したくなる気持ちを抑えて、内なる死人と縁のある餓鬼のどちらにも癒しを与え、供養して救済しようと思ったのです。内側であれ外側であれ、苦しみのあるものから苦しみを取り除こうと夢の中で努めたのです。

この夢は印象に残ったので、昼間に瞑想しているときに、このゾンビたちを思い起こし、ゾンビたちに向けて、「彼らが幸せでありますように。彼らの苦しみがなくなりますように。彼らの怨みがありませんように。彼らに悩みがありませんように。彼らの幸せが守られますように」と慈悲を念じました。念じると不思議なことに、涙が流れそうになることがあるのです。そしてさらに、修行の功徳をゾンビに廻向するようにしました。

第6話——修行の深まり

41　タモ山とカレン族の誇り

プラプッタバートタモ寺院には、本山から南東一五〇〇メートルほどの場所に別院があります。その別院はタモ山という尖った山の麓にあります。二月一四日、食事後しばらくすると、執事のラーさんが車で別院まで送ってくださり、パンニャーワロー比丘がこの山を案内してくださいました。かなり切り立った山で、急勾配の坂を登り、さらに約一五〇〇段の階段を上っていきました。途中で洞窟があり、以前、この洞窟に寝泊まりし、ここから毎朝鉢を持って山を下り、村に行って托鉢を行うという修行生活をしていた日本人のF比丘のことを教えてくれました。私は回峰行をする山伏のような修行者だと思いましたが、F比丘は元禅僧で、とてつもない高いエネルギーで修行に励まれていたそうです。F比丘は現在はスリランカで修行をされているそうです。

洞窟のある場所からさらに急勾配の梯子のような階段を上っていくと山頂に着きます。草履で歩いているので注意深く上りました。山頂には白い大きな仏塔が建てられていました。車が入れないこのような尖った山の山頂に、よくもこれだけの石を運び、塔を建てたものだと思います。

この地域は、少数民族のカレン族が多く住んでおり、彼らがこの仏塔を建てたとのことです。カレン人は独自の言語と文字を持ち、仏塔の近くには、カレン語で何か書かれた石盤もありました。執事のラーさんもカレン族ですし、斜面に位置する本山を多くの石を積んでつくり上げたのもカレン族の方々ということです。カレン族の勤勉さと深い仏教信仰が感じられます。

私は毎日の托鉢と掃除で体重は減少し、脚もけっこう鍛えられてきていましたが、切り立ったタモ山を下りる頃には脚がガクガクになっていました。

42　寺院に馴染み修行を楽しむ

こうして第1期の修行を重ねて一カ月が過ぎる頃には、心身の緊張や疲れも抜けてきて、こちらの生活にも馴染み、それにつれて瞑想も次第に深まるようになってきました。ミャ

タモ山山頂付近（上左）。山中の洞窟（上右）。山頂の仏塔（2段目左）。カレン語で書かれた石盤（2段目右）。タモ山を下りるパンニャーワロー比丘（3段目左）。タモ山山頂付近（3段目右）。タモ山のタンマラトー比丘（下）

ンマーで短期出家していたときの非常に深い瞑想の感覚も時々戻ってくるようになり、特有の喜びに満たされることも増えてきました。

瞑想が深まると、瞑想以外の作務も充実してきます。掃除をするときには、素晴らしい修行環境を与えてくれている寺院へ布施をさせていただいているような気持ちがわいてきました。食後に長老の鉢を洗わせていただくのも、年長者や栄えあるものを敬うことによって自らの心の汚れが洗い流されるような気持ちになりました。一日に何度もする三拝も、拝するごとに心が洗われ、その都度ありがたいと感じるようになりました。瞑想は、瞑想のときだけではなく、心全体に、生活全体にその効果がじわじわと波及していきます。こうして修行に専念できることへの感謝と喜びも増してきました。修行は、騒がしいのはもちろんよくありませんが、しかめっ面になってしまうのもよくありません。心が柔らかくなり、内側が充実することと、よい瞑想は同時に起こるものです。

執事のラーさんは私の姿を見て「このまま日本に帰らずに出家するんじゃないか」とおっしゃっていました。マハープンニョー長老は、中年の大学教授が修行寺で新参比丘としてうまくやっていけるか当初は心配されていたようですが、私の姿を見て「石川さんは生き生きしていますね」と喜んでくださいました。もちろん、覚えるべきこと、努力すべき課題はまだまだたくさんありましたが、出家修行に馴染みつつあり、約四〇日間の第1

期の修行を無事終えることができました。

43 第2期：死体の解剖見学

タイでの短期出家生活は早くも半分を過ぎ、二〇二〇年二月二〇日、第2期の不浄観の修習がはじまりました。マハープンニョー長老とパンニャーシッポー比丘と三人で夜行の高速バスに乗り、チェンマイから約五〇〇キロ南下して首都バンコクに移動しました。タイでは比丘は尊敬されているので、一番前の優先席を譲っていただきました。それはありがたかったのですが、バスの冷房が効きすぎていて、涼しいどころか非常に寒かったです。車内の温度計は一六度を表示していました。薄い毛布を貸してもらいましたが、全身を覆うことができず、衣は布一枚なので、脚が冷え、剃髪した頭も冷え、少ししか眠ることができませんでした。寒さに震えている間に、バンコクのバスターミナルに到着しました。バスターミナルからタクシーに乗り、警察病院に到着しました。まだ夜明け前でした。

しばらく待っていると病院の扉が開かれ、応接部屋のようなところに通され、ここで朝食のお弁当をいただき、お茶を飲みながら待機しました。私は解剖を見学するのははじめ

バンコク行きの長距離夜行バス（上）。警察病院前に立つパンニャーシッポー比丘（下）

てだったので、自分がそこでどのような反応をするのか予測がつきませんでした。マハープンニョー長老によると、死体の内臓を見て嘔吐してしまった人もいるということなので、そのような反応をして迷惑をかけないようにしようと思いました。これまでの解剖見学についてのお話などを聞いているうちに、医師がやってきて別室に来るように案内されました。

別室に入るといきなり目の前に、半分解剖されたご遺体がベッドの上に横たわっていました。昨日病気でお亡くなりになった六二歳の男性と説明されました。一メートル以内の近い距離で見ているとかなりきつい腐敗臭が鼻をついてきたので、すぐにマスクを装着しました。ご遺体は胸部、腹部、頭部などの一部がすでに解剖されており、医師はそれぞれの臓器や筋肉などについて触りながら説明してくれました。いくつかの臓器を目の前で外に取り出して、死体の横に置き、包丁やはさみで切り刻み、内臓の内部の様子まで見せてくれました。顔は大部分が残されていて、穏やかな表情でしたが、頭蓋骨は半分開けられていて、脳の様子も見せてくれました。

別のご遺体も見学しました。昨日バイク事故で亡くなったという身元不明の男性です。事故で頭部が砕かれて脳が流出し、片方の脚が反対向きに捻れてしまっていました。こちらもすでにあちこちが解剖されていて、肺や横隔膜を手で伸ばして見せてくれたり、胃や腸や膀胱をはさみで切って内容物を見たりしました。
私はご遺体の内部の様子に見入っていました。はじめはやはりドキッとしたのですが、その後はそれほどの動揺はなく、冷静に見ることができました。しかし人体の内部の様子は脳裏にしっかり焼き付けられました。

44 不浄観の修習

この死体解剖見学は、ブッダが伝えた不浄観（asubha bhāvanā）という瞑想修行のひとつとして、マハープンニョー長老が機会を作ってくださったものです。不浄観というのは、人間の身体は脆く不浄なもので満ちているという事実に直面する瞑想法です。私たちは、しばしば自分や他人の身体に執着しています。たとえば身体の美醜によって人を差別したり、優越感や劣等感を抱いたり、愛欲を増大したり、老化を覆い隠そうと画策したりします。身体の健康や美しさに執着したり、醜さや老化や病気で衰えることを嫌悪することは、いずれも身体を対象とする煩悩なのです。これに対してブッダは次のように語っています。

身体は、骨と筋《すじ》とによってつながれ、深皮と肉とで塗《ぬ》られ、表皮に覆《おお》われていて、ありのままに見られることがない。身体は腸に充《み》ち、胃に充ち、肝臓《かんぞう》の塊《かたまり》・膀胱《ぼうこう》・心臓・肺臓・腎臓《じんぞう》・脾臓《ひぞう》あり、鼻汁・粘液《ねんえき》・汗・脂肪《しぼう》・血・関節液・胆汁《たんじゅう》・膏《あぶら》がある。またその九つの孔《あな》からは、つねに不浄物《ふじょうぶつ》が流れ出る。眼からは目やに、耳からは耳垢《みみあか》、鼻からは鼻汁、口からは或るときは胆汁を吐《は》き、或るときは痰《たん》を吐く。全身からは汗と垢とを排泄《はいせつ》する。またその頭（頭蓋骨）は空洞《くうどう》であり、脳髄《のうずい》にみちている。しかるに愚《おろ》か者《もの》は無明《むみょう》に誘われて、身体を清らかなものだと思いなす。（中略）人間のこの身体は、不浄で、悪臭を放ち、（花や香を以て）まもられている。種々の汚物《おぶつ》が充満し、ここかしこから流れ出ている。このような身体をもちながら、自分を偉いものだと思い、また他人を軽蔑するならば、かれは〈見る目が無い〉という以外の何だろう。

（中村元訳 KN,suttanipāta194-206）

ブッダは自分や他人の身体への愛欲や、身体の常住（変化しない永遠の身体があるという考え）という転倒した見解から脱するために、身体を三二の部分に分けて順に観察する身至念（kāyagatāsati）という瞑想法を教えています（MN119「念身経」）。三二の部分とは、髪、毛、爪、歯、皮膚、筋肉、腱、骨、骨髄、腎臓、心臓、肝臓、肋膜、脾臓、肺臓、脳（脳は後代の挿入）、腸、腸間膜、胃、大便、胆汁、痰、リンパ、血、汗、脂肪、涙、油、唾、鼻液、関節液、小便です。経典では脳は骨髄に含まれていると考えられ、三一の部分が列記されているのですが、現代の私たちは脳と骨髄と分けて考えるので、脳を補って三二の部分としています。私はタイに来てからほぼ毎日、この瞑想法を行っていました。この三二のひとつひとつのパーツをイメージしたり、あるいは自分の身体の内部を透視するような感じで意識を向け、ひとつひとつ確認するのです。この瞑想を行うことによって、身体に対する妄想や執着が静まり、身体はたんなる物質の集合体であるという感覚になってきます。そうすると、どんな美男美女であっても、どんなに醜い外見の人であっても、男でも女でも、若くても老いていても、実際は血と骨と肉の塊にすぎないという「事実」に気づくのです。ブッダは、この瞑想の利益を次のように説いています。

かれがこのようにたゆみなく熱心に打ち込んでいると、在家的な記憶と思考がなくなる。それがなくなると内に心が安定し、落ち着き、集束し、集中する。

（出本充代訳 MN119「念身経」）

45 身体への慈悲と無執着

私は今でも身体への執着や妄想がなくなったわけではありません。しかし、不浄観の修習によって、このような執着や妄想に気づき、静めやすくなったという効果は感じています。そして身体が自分自身であるとか、自分の所有物であるという妄想も湧きにくくなります。不浄観は貪欲、愛欲を断つために役立つ瞑想法なのです。

一方、身体はたんなる物質にすぎませんが、心によって生命活動が営まれていますので、身体は心を反映する鏡でもあります。身体を観察することで、心によく気づくことができるようになります。そして人間の命は身体に依って活動をしていますので、身体をよく知り、大切に扱うことはもちろん重要です。身体が弱っていると修行も制限されてしまいます。ですので、身体に対しての慈悲と、不浄である事実を見る無執着の両立が必要だと思います。私たちは慈悲のつもりが愛着や愛欲になってしまうことが多いので、それらをよく峻別することが必要です。純粋な慈悲には愛着は含まれていないのです。

また、身体はつねに不安定であり、病気を免れず、必ず衰え、やがて滅びます。身体は無常という普遍的なダンマをもっとも分かりやすく表現してくれています。私は死体を思い浮かべながら、二種類の瞑想を行うことがあります。第一は、「私の身体もこのような不浄なものである」「だれもが等しく身体はこのように不浄である」と念じることです（不浄観）。第二は、「私の身体もいずれ必ずこのような死体になる」「どんな強い人であってもいずれ必ずこのような死体になる」「私は必ず死ぬ」「だれもが必ず死ぬ」「いつ死ぬかは分からない。今日かもしれない」という「事実」を念じ、心に刻むことです（死随念）。死随念は、死への恐怖心や生への執着を和らげ、死の準備をする効果があります。これは結果として、「今」をよく生きることにつながります。死体を対象とした瞑想は、不浄観と、死の瞑想につながり、多くの煩悩から心を護衛することになります。

死体の解剖見学のあと、近くにある死体博物館も見学しました。まさに死体三昧の日になりましたが、この見学によって、不浄観と死随念の瞑想がやりやすくなりました。実際に目にしたことで、身体と死をよりリアルに感じられたためだと思います。現代の日本社会では、実際の死体を見る機会は非常に少なくなり、ますます死ぬということが実感しにくくなりました。一方で、昨今は病院で死を迎えることに疑問を持ち、自宅で最期のときを過ごすことを選択する人たちも少しずつですが増えてきています。そのような場合には、看取るご家族は死に逝く過程を目の当たりにし、実際に死体を見、触れる機会を得て、死を実感するに違いありません。ただし、そうであっても筋・骨格・内臓やさらにその内部

死体博物館を見学する私たち

を直接見ることは、限られた職種の方以外はきわめて困難でしょう。一方で、遺体を保存処理したり、メイクや整形などの技術や写真の修正技術の進化などによって身体を美化し、不浄を覆い隠し、必ず迎える老いや死さえ覆い隠されることが多いため、私たちはあるがままの不浄な身体、必ず滅びゆく身体を見失いがちです。しかし今回は多くの本物の死体を生で観察することができ、不浄で滅びゆく身体という事実をしっかりと目に焼き付けることができました。愛執や生存欲への厭離《おんり》を促す貴重な修行となりました。

夕方、バンコク発チェンマイ行きの夜行バスに乗りました。帰りのバスは行きほど冷房が強力ではなく、疲れていたこともあり、ぐっすり眠って寺院に帰ることができました。こうして無事、〇泊三日の死体の見学修行を終えました。

46 イミグレーションで冷や汗をかく

第2期の不浄観の修行を無事に終え、次にやっておくべき手続きがありました。私は観光ビザで入国したため、そのままでは二カ月しかタイに滞在できないので、イミグレーション（出入国管理事務所）に行って滞在延長の申請をしなければならなかったのです。イミグレーションはチェンマイ空港の近くにあったので、寺院から北へおよそ一〇〇キロ移動しなければなりません。二〇二二年二月二五日、再びラーさんの車に乗せていただき、チェンマイに向かいました。チェンマイに用事があったマハープンニョー長老とターナタンモー比丘が同行してくださいました。申請に必要な証明写真を写真屋さんに撮ってもらったのですが、比丘だから無料でよいといって写真代を布施してくださいました。イミグレーションに入ると、手続きを待つ人で長蛇の列ができていましたが、タイでは比丘は優先されるので、列に並ぶことなく、すぐに一番前に行って延長申請の書類を出すことができました。書類の審査を待って立っていると、席に座っていたタイ人の方々が私たち比丘に席を譲ってくださいました。外国人の新参比丘である私は内心とても恐縮していましたが、長老たちの所作に倣って堂々と振る舞いました。比丘はブッダの弟子として信頼される対象なので、その信用を失墜させないように、在家の方々の前での威儀には気を配る責務があるのです。

さてカウンターから呼び出され、担当者からの返答は驚くべき内容でした。私の入国時のスタンプには、二月七日出国予定と記入されているので、私はすでにオーバーステイであり、延長は認められず、すぐに出国せよと命じられました。さらにオーバーステイ代金として一万バーツ（およそ三万五〇〇〇円）を請求されたのです。予想もしない事態に、私は目の前が真っ暗になりました。次の第3期の完全無言行こそ今回の修行の本丸だと思っていたので、その機会を失って帰国するなど、まったく考えられないことでした。どうしても完全無言行のリトリートをやりたいという強い思いが湧き上がりました。不思議なことに、このとき私は絶対こちらで修行できるという根拠のない直観のようなものがありました。

いつもは穏やかなマハープンニョー長老ですが、このときは担当者にしつこく食い下がってくださいました。私はタイ語が分からないので何を話しているかまったく分からなかったのですが、なんとか延長滞在が認められるよう、粘り強く交渉してくださったのです。しかし交渉は実らず、私たちは一度引き下がりました。こうなってしまったのは、スワンナプーム国際空港の入国担当者の手続きミスがあり、私がそれに気づかなかったことが原因です。ここで旅慣れているターナタンモー比丘が、もともと三月はじめまで滞在可能な観光ビザを取得しているのだから、入国でミスがあったとしても、もう一度行けばきっと大丈夫だとおっしゃいました。そこで、再び担当者のカウンターに赴いて、二人の比丘がタイ語で交渉してくださいました。その結果、なんと全面的にこちらの主張が認められ、一カ月の滞在延長の許可が下り、一万バーツを支払う必要もなくなりました。

こうして、一時は大変肝を冷やしましたが、二人の比丘の粘り強いサポートのおかげで、あと一カ月間タイに滞在し、修行を続けられることになりました。そして、このハプニングのおかげで、第3期の完全無言行への心のスイッチが入りました。一度は終わりかけた比丘としての命が延命されたのです。絶対に成功させるという決意を新たにしたのです。

第7話

短期出家修行の最終段階

47 完全無言行で心が壊れる？

二月二六日の朝、マハープンニョー長老から、完全無言行のリトリートに入るためのご指導をいただきました。要点はおおよそ以下のようなことでした。

・僧院からさらに徒歩で一五分くらい登った場所にあるクティでひとりで過ごすこと。
・読経も托鉢にも参加せず、朝、鉢を持って食物を取りに来ること。
・水道がないので貯められている雨水を沸かして飲むこと。水は大切に使うこと。
・サソリに刺されたり毒蛇に噛まれるなど、命に関わることが起きない限りは、一切会話をしないこと。筆談もしないこと。目も合わせない。
・不都合が生じても、比丘は自分でなんとかするものであること。

・瞑想のやり方は任せる。

そしてさらに長老は次のようなことをおっしゃいました。

「完全無言行は無関心の中で生きるということです。関心を持ってほしいと欲求が起きたらそれを見ます。ドゥッカを見ます。人はあなたに無関心です。花が咲いていても綺麗だなとも思いません。無関心でいるのです」

このお話は、ブッダがとても大切な心として教えている捨（ウペッカー upekkhā）の境地を語っておられると理解しました。捨とは、刺激に感情的に反応せず、快・不快、好き・嫌いの感覚を離れて中立、客観的で、平静な心のことです。捨の心を確立するためには、あらゆる対象に対して欲を起こさず、もしも欲が起きたらそれと距離を取って観察します。同時にあらゆる対象に対して嫌悪感を起こさず、もしも嫌悪感が起きたらそれと距離を取って観察します。

マハープンニョー長老はさらに、「これまで、単独で完全無言行をやって、心が壊れてしまった人が二人います。通常は新人の僧侶にはさせない行なのです」と語られました。この言葉を聞いて私は、「自分ももしかしたら心が壊れてしまうのだろうか」という思いがよぎりました。私たちは他者への承認欲求や依存欲求があるので、完全無言行によってそれらの欲求が満たされない状況に置かれると、これらの欲求が増大して怒りや淋しさが表れるなど、諸々のサンカーラ（行 saṅkhāra、さまざまな思念、感情、情念、コンプレックス、条件ずけ等）が浮かび上がってくるのかもしれないと思いました。しかし、もしも私の心が壊れるならば、その過程を徹底的に観察してやろうという気持ちになりました。長老のお話を聞いて、無関心の中で生きる単独修行への思いは一層燃え上がったのです。

48 新しいクティへ引越し

こうして第3期のリトリートがはじまりました。まず、これまでのクティを片付けて元通りにし、歩いて一五分あまりの山奥にあるリトリート用クティに引越しをしました。荷物は両手とヤーム（トートバッグのような鞄）に詰められるものだけで、これがこれから約一カ月生活するのに必要なもののすべてでした。人間が生きるために必要なものは案外少ないものです。

こちらのクティは、大きな岩と岩の間に屋根を掛けてつくられていて、屋根に降った雨水を貯めるタンクと蛇口がありました。私がタイに滞在した三カ月間は乾期だったので、

完全無言行を行ったクティ（外観）（上）。雨水の貯蔵タンク（中左）。歩く瞑想のコースなど（中右）。完全無言行を行ったクティ（内部）（下左）。山の頂にある天蓋のある仏像（下右）

一度も雨らしい雨が降ることはありませんでした。そのため、雨期に貯めた水が唯一の水になるので、一滴も無駄にできません。電気は来ているので備え付けのポットで水を沸かして飲みます。鉢を洗うのも、身体を洗うのも、排泄物を流すのも、この雨水を使います。クティの前には、立派な屋根がついた歩く瞑想のコースと、坐る瞑想の岩がありました。

これから共に生きることになる周囲の虫や生き物、諸処の霊たちに挨拶と慈悲の念を送りました。坐る場所と寝る場所を定め、周囲の落ち葉を掃くなどして環境を整えました。その後、山奥のクティでぽつんと一人で坐り、これから約一カ月間、人間としてもっとも贅沢な時間と環境を与えられたことに対する喜びと感謝の気持ちに震えました。

49　瞑想修行を楽しむ

修行の内容は、日々試行錯誤しながら修正をくり返して、しだいに自分なりの大まかなプログラムが形成されていきました。といっても、第1期で行ってきたものとほとんど変わりありません。色界禅定（rūpāvacara jhāna）の修習を基盤として、一六段階の出入息随念（ānāpānasati）、四無量心の瞑想（catu appamaññā citta bhāvanā）、天随念（devatānussati）、身至念（kāyagatāsati）、四界分別観（catu dhātu vavatthāna）を一通り実践するのがレギュラーな日課になりました。これらの瞑想を一通り終えると、その日の仕事が終わったような達成感を覚えました。一日中瞑想の時間なのですが、ある程度のカリキュラムというか、構造化されたプログラムがあったほうがより集中して修行できると感じました。

瞑想をするといろいろな課題が見つかるので、その克服と向上のために、その日の残りの時間はプログラムのなかの瞑想をくり返しました。気づいたことをメモすることもありました。この他、五蘊（pañca khandha）の無常（anicca）・苦（dukkha）・無我（anatta）の観修習、五蓋（pañca nīvaraṇa）の瞑想、仏随念（buddhānussati）、法随念（dhammānussati）、僧随念（saṅghānussati）などの瞑想も行いました。瞑想のやり方はおおよそ暗記していましたが、根拠となるパーリ経典をコピーしたものを日本から持ってきていたので、何度かこれを読み返して、自分のやり方が適切かどうか、勘違いや見落としがないか、よりよい工夫ができないかなどを考えました。

パーリ聖典に記されている膨大な数のブッダの説法の大半は、在家者ではなく出家修行者に向けられたもので、「比丘たちよ」という呼びかけからはじまることが多いのです。茶褐色の粗末な衣を纏い、山奥で一人で毎日瞑想修行に励んでいると、自分も直弟子となって直接ブッダの教えを聴いているような感覚になりました。法が説かれてからすでにおよそ二五〇〇年の年月が過ぎ去っていますが、パーリ聖典を頼りに修行しているということは、肉体をもったブッダがいないだけで、教えを受けているということには違いがありません。これも出家の喜びのひとつでありました。

日がたつにつれて、瞑想修行が積み重なると、少しずつ定力が上がり、瞑想が深まっていきました。パンニャーシッポー比丘の「修行は理詰めでするもんやで」という言葉のとおり、よりよい瞑想にするためにはどうするか、条件を変えた実験をくり返すことに専心しました。たとえば、瞑想の方法、時間、場所、順番、坐法、呼吸法、休憩時間の長さ、食の量、瞑想の前後や最中の微妙な心構え、経典の言葉に対する理解、気候、体調、などが瞑想に影響を与えるので、その縁起を探りながら、諸条件を調節し、瞑想がどのように変化するかを観察し、質の向上を図るのです。ちょっとしたテクニックをいろいろ試したりもしました。実験をくり返す科学者のような生活でもあり、楽しい修行生活でした。

50 微細な世界へ

修行の基軸と位置づけたサマタ瞑想（samatha bhāvanā）においては、集中力が増すにしたがって、気づき（サティ sati ＝マインドフルネス mindfulness）の力や観察力が増大し、認識の編み目が細やかになり、内外の微細なサンカーラ（saṅkhāra 行、形成されるもの、形成力）をあるがままに認識できるようになってきます。現象学というある種の哲学の表現を用いれば、対象化以前の、個別化以前の、前述語的な現象把握の領域が拡大してくるのです。このような前述語的な認識は、当然ながら言語化には馴染まない体験です。言語や概念を当てはめた瞬間に、あるがままの現象から離れてしまいますので、概念を持ち出すことなく、非言語的な微細な認識の中に留まり続けるのです。私は実況中継などの言語を用いた技法は用いず、内言（声を出さずに心のなかで用いる言葉）も含めてできるだけ沈黙を守り、概念化以前の対象に意識を集中し続けました。瞑想の中では、内言ですら騒々しく、粗大なのです。完全無言行は、「他者との会話をしない行」という意味だと思いますが、独り言や、声に出さない内言さえも静めていくならば、認識能力はさらに鋭敏で微細なものになっていくでしょう。極小時間に生起する物質の明滅と変化にまで繊細な気づきをもって徹底的に観察していきました。出発前に病室で富士山の明滅を眺めていたように、タイでも目の前の岩の明滅を眺めていました。

51　ニミッタの出現と微調整

色界禅定の修習における業処（カンマッターナ kammaṭṭhāna、瞑想の対象）は、私の場合、

完全無言行に励むタンマラトー比丘

はじめは鼻先の一点で感じ取られる出入息による途切れることなく変化を続ける身体感覚です。鼻先の出入息による感覚への集中力が高まると、澄み切った光明である似相（パティバーガ・ニミッタ paṭibhāga-nimitta）が現れます。似相の光明が十分に増した頃には、かなり心地よい喜悦の境地に至っています。しかし少し油断をすれば、雑念や思考が漏出してきて、集中状態が崩れてしまいます。そのため、あたかも綱渡りをする人のように、明瞭な意識と理解を伴った注意深さ（サティサンパジャンニャ satisampajañña、正念正知）をもって、刻々と変化する状況を見極めながら、呼吸、身体、心、エネルギーをつねに微調節しながら集中した状態を保つように心がけるのです。集中が高まると、歯を食いしばるなど、思わぬところに力みが入っていることがあるので、これらに気づいたらその都度すべて脱力します。脱力すればするほど集中力は増していきます。このような瞑想のプロセスは、微細な気づきに基づいて半ば意識的、半ば無意識的に作動するソマティック・インテリジェンス（身体的知性）によって統制されます。こうして、より鋭敏に、新たな業処としての似相に心を集中させ続けるのです。

52　一境性の体験

集中状態がある程度深まり、安定してくると、業処に意識が固定され、注視していた似相の光がいっそう輝きを増し、津波のように光が押し寄せ、ついには一体化するときが来ます。このとき、見るものと見られるものの分離が破綻します。観察している自分と対象との、通常は逃れることのできない原初的な二元論による阻隔が綻び、崩壊し、分別による仮象の世界が打ち破られるのです。アビダンマではこのような分離のない心を一境性《いっきょうしょう》（エーカッガター ekaggatā）と呼びます。純粋な一境性は、素朴な生活の中ではなかなか経験し得ない心の状態であり、正しい知識がなければ、この体験をしたとしても、到底理解することができないものです。もしも準備のないままに一境性が生起すれば、慣れ親しんだ分別による二元的世界が破壊されたことにおののき、戦慄し、畏怖し、混乱してしまうかもしれません。場合によっては、スピリチュアル・エマージェンシーと呼ばれる危機状態に陥るかもしれません。あるいは反対に、ついに悟りを開いたと誤った認識をして、自我肥大や増上慢に陥る可能性があります。どちらにしても危険を伴います。

トランスパーソナル心理学など、スピリチュアルな思想を研究している人であれば、非二元的（non-dual）な世界を体験したとして、究極の境地に到達したと思うかもしれません。しかし、このような解釈も、後に大変な苦悩を生む可能性があります。たとえそれが本当に非二元的体験であったとしても、一境性の心は無常であり、完全な悟りを開いていない限りは、必ず終わりがやってきて、再び苦しみの伴う二元性の日常へとたたき返されるからです。

このように、サマタ瞑想の修習にはさまざまな落とし穴が待ち受けているのですが、正しい指導者の指導を受けていたり、パーリ聖典によってブッダの言葉をしっかり学んだ者は、このような迷路に迷い込むことがありません。一境性の体験は、悟りに至るために欠かせない重要な体験ですが、それ自体は悟りではなく、それどころか悟りへのはじめの段階をあらわす預流道（ソーターパッティ・マッガ sotāpatti magga）に達していることさえ示すものではないことを冷静に理解できるからです。

一境性は、日常的な意識からすれば、理解不能なある種の超越的体験です。この体験は、煩悩の消滅した涅槃の入口をわずかに味わうことなのかもしれません。パーリ聖典によってダンマを正しく学んでいれば、この体験を恐れたり、過剰な意味づけをして妄想を膨らませたり、思い上がることもなく、体験を正しく理解し、自らの中に適切に体験を位置づけ、消化し、より詳細に観察して、次になすべき修行の段階へと謙虚にすみやかに移行することができます。ブッダの卓越した智慧は、心の成長にとって決定的に重要なことが多いのですが、あまりも深遠であるためか、ほとんど見逃されているように思われます。私が知る限り、瞑想の指導書としてパーリ聖典に勝るものはありません。

53 暑さの中で

さらにさまざまな瞑想体験がありますが、ここでこれ以上書くことは控えたいと思います。きりがありませんし、どんなに言語化しても、それは瞑想体験そのものにはならないからです。いずれにしても、瞑想が深まれば深まるほど、より微妙な観察力と集中力を必要とするので、このような堅固な修行環境で集中的に取り組まないとなかなか実践できない修行です。完全無言行で瞑想が一定程度に深まったとき、ミャンマーで集中的に修行していたときの感覚が思い出され、懐かしい味わいだと感じることもありました。

ひとつ発見だったことは、かなり厳しい気候においても、瞑想に集中できたことです。チェンマイでは、二月中旬ごろになると毎日気温が三五度を超え、しばしば四〇度以上に達します。HSPで人一倍感覚感受性の高い私が、この暑さが瞑想の障害とはならなかったことは自分でも驚きでした。風呂に浸かっているような高温であっても、扇風機しかない粗末な小屋のなかで、高度に集中した瞑想は十分に可能だったのです。瞑想状態に入ると、暑さはまったく気にならなくなりますが、大量の汗をかくので、瞑想後に坐布（ニシーダナ nisīdana、比丘が坐るときに下に敷く五〇センチ四方の薄い布）は絞れるほどぐっしょりになります。ですので瞑想を終えると坐布を外に干すのですが、強烈な日差しと高温と乾燥した気候のため、瞬く間に乾きます。しかし、夜は暑くてなかなか眠りにくいことがたびたびありました。

54 ヴィパッサナー瞑想

修行がすべて理想的に進んだのかと言われれば、実際のところはそうではありません。瞑想中だけではなく、瞑想と瞑想の合間に、たびたび煩悩が心に漏れ出してきます。あたかも底に穴があいた船に乗っているかのようです。漏水に気がついたらその都度穴を塞ぎ、漏れ出たものを掻き出す作業をくり返しました。よく出現する煩悩は、怠け心、慢心、欲望に基づいた雑念・妄想でした。寝ている間に、煩悩に基づく夢を見ることもありました。

瞑想と瞑想の合間は、休憩していますが、ただ無防備でいるのではなく、観修習

朝日を浴びる山を下りて食事を取りに行く（上）。
山の頂のブッダに三拝する（下）

(vipassanā bhāvanā)の時間でもあります。身受心法《しんじゅしんぽう》、つまり、身体、感覚、心、そして諸現象につねによく気づいていて、明瞭な意識でなにが起きているのかを知るように心がけます。毎日落ちてくる落ち葉が尽きないように、心に生じる煩悩も無尽蔵のように見えます。しかしそのことにイライラせず、落ち葉のように受け止めて、その都度掃除をする生活でした。こうして、不完全ではありますが、眠っている間以外は一日中、途切れることなく止修習と観修習を修習していることになります。瞑想修行には一定の進歩が見られたと同時に、依然としてしつこく隙あらば漏出する煩悩によく気づいたということも、ひとつの前進であり収穫であると思います。汚れに気づいているときには、汚れに染まりきってしまうことを避けられます。気づきによって、自己が一体化していた煩悩と距離をとり、それと脱自己同一化(disidentification)することによって、煩悩の支配から逃れられるのです。もしも気づくことがなければ、煩悩と一体化し、煩悩に支配されたまま、防ぐことも取り除くこともできないのです。

こうして、さまざまな煩悩の生起を目撃するのですが、瞑想をたくさんしているので、心の中に静寂の貯金のようなものがたくさん貯まっているので、生じたのを見ると、消え去っていくのも早いような気がしました。ですので、煩悩が生じても余裕を持って観察することができ、支配されず、打ち負かされずに、退散するのを見守れることが多かったように思います。瞑想修行は、煩悩という敵に対する強力な武器になることを実感しました。ちょうど、練習を十分に行い戦略も練った格闘家は、敵がラッシュをして攻めて来ても、慌てずに冷静に対処できるようになるのと似ているかもしれません。

55 アーナーパーナサティ

ブッダは私たちの苦しみの根本原因は心の中にある自らの煩悩の塊であることを発見しました。したがって、煩悩を取り去る以外に、苦しみを根本からなくす方法は存在しません。しかし、普通に考えると、煩悩を根絶しようとする闘いは、まったく勝ち目がないようにしか思えません。しかし、正しい法（ダンマ）と正しい修行法という

アーナーパーナサティの16の業処

身 kāya	長い息	短い息	身体全体を感じる sabba-kaya	身体の働きを静める passambhayaṃ kaya-sankharaṃ
	集中！			
受 vedanā	喜 pīti	楽 sukha	心の働き citta-saṅkhara	心の働きを静める passambhayaṃ citta-saṅkharaṃ
心 citta	心 citta	心を喜ばせる abhippamoda yaṃ cittaṃ	心を定める samādahaṃ cittaṃ	心を解き放つ vimocayaṃ cittaṃ
法 dhamma	無常 anicca	離欲 virāga	滅尽 nirodha	捨棄 patinisagga

武器があれば、戦術と戦略が立てられるため、戦局は大きく異なってくるのです。まずは、心の汚れに気づき、観察することです。出入息随念（アーナーパーナサティ ānāpānasati）には十六のステップがあるのですが、その第一三〜一六ステップはとくに強力な武器になります。自らの貪欲に焦点を当て、その欲の無常を観じ、欲から離れることを観じ、欲が滅することを観じ、欲を放棄することを観じます。第一〜一二ステップまでの瞑想の積み重ねがあることよって大きな効果を発揮できるようになります。出入息随念の詳細は適切な機会があれば別のところで詳しく紹介することにしますが、この強力な瞑想法をくり返すことによって、執着している握りこぶしの握力が弱められていくのです。このように内なる魔（煩悩）と闘い、欲の支配から少しずつ離脱していくことができます。私は毎日アーナーパーナサティに取り組み、心の掃除に励み、塵が消えていく様子を観察し、身心が軽く明るくなっていくことを楽しみました。

56 無関心という配慮

このように、第3期のリトリートではおよそ一カ月間、完全無言で山中のクティに独居して修行を行いました。私の場合は幸いにも、「心が壊れる」ような危機はまったくあり

食事を受け取る前の瞑想とモンドゥップ横の池の蓮の花

ませんでした。むしろ瞑想修行に忙しく、自分の身心と向き合うことに精一杯で、他者に関心を持ってほしいとか、承認されたいとか、寂しいとか、そのような思いが湧く暇はなかったのです。人生においてもっとも貴重な限られた時間を無駄にしたくないという思いが強かったので、無言で過ごせることは、外部からの刺激を回避できるという意味で、大変有効な方法で、ありがたかったです。

朝、山を下って托鉢食をいただくためにお堂に入っても、だれも話しかけてきませんし、目を合わせることもありません。食事を受け取るまでは目を閉じて瞑想をして待つだけです。比丘たちは私が存在していないかのように振る舞ってくれました。私は、このような無関心という配慮がとてもありがたく、見守られているような感覚がありました。集中的な修行の価値をよく知る比丘たちは、リトリートに入っている者に関わらないことがルールであるだけではなく、最大限のサポートであることをよく理解して無関心に振る舞っているのです。

57　人間関係における中道

世俗世界でも、人を育てたり、援助するときに、放っておくことが最善の対応である場合は少なくありません。過剰な援助や、過干渉によって、成長する機会を奪われてしまうことがあります。親、教師、上司などが過剰に関わる場合には、愛情というラベルが貼られていることが多いので拒絶しがたく、大変なしがらみになってしまうのです。このような過干渉、支配、執着は、相手の自由を奪い、自立や成長を阻み、健全な心を破壊してしまうのです。親が子どもに対して過保護で面倒見が良すぎると、子どもが社会性を身につける機会を失い、その結果として社会で生きる力が育たず、不登校やひきこもり、果ては精神障害にまでなってしまうことは珍しいことではありません。植物でも、水をやりすぎたり、日に当てすぎたり、肥料を与えすぎれば枯れてしまうのです。

一方で、必要な援助や介入が少なすぎても人間は正常な発達が難しい無力な存在です。援助がまったく与えられないことはネグレクトという虐待であり、虐待は人の心を破壊してしまいます。親が子どもに対して注意を払うことがなく、言葉をかけたり微笑んだりすることもなく、苦しんでいても手を差し伸べなければ、子どもは健康な心を育てることができずに、非行や暴力に走ったり、深刻な人間不信に陥る可能性があります。水がなく、日が当たらず、痩せた土壌では植物は死滅してしまうのと同じです。

ですので、人間関係においては、放っておくことと手を差し伸べることの両極論に片寄らない中道が求められます。それはその都度必要な距離を取って見守るということなのかもしれません。

私の場合は、完全無言行に至るまでの過程で、比丘たちに見守られているという信頼感を得られたので、安心して単独行に没頭できたという側面があるように思います。この信頼感がたとえ妄想だったとしても、それが私の心の安定や修行を支持してくれたことは間違いありません。

マハープンニョー長老が「無関心の中で生きる」と表現した完全無言行は、私の場合、逆説的ですが、多数の人と関わり合う世俗の中で生活しているときよりも、心ははるかに安定して穏やかで、満たされていて、研ぎ澄まされていました。むしろ、価値観の違う人々と交流する生活のほうが、私はよっぽど孤独感を感じ、疲れを覚えます。

完全無言の単独行の間、ずっと心が安定していた要因は数多くのことが考えられますが、そのひとつは、リトリートに入る前に僧院の比丘たちが親切に指導をしてくれたことや、さまざまな質問をしても誤魔化すことも上から押しつけることもなく誠実で理性的な対応

トッケイを完食する猫（下左）。サソリを捕まえた（下右）

をしてくれたことなどによる人間的な信頼感があったことは間違いありません。完全無言行に入って一切のコミュニケーションが断たれても、心の中に蓄えられた信頼感が働き続けていたように思います。

このように、今回は幸いなことに法友に恵まれたのですが、たとえよい人間関係に恵まれなかったとしても、たった一人であっても、ブッダを法友として、法と自己を拠り所として、修行できるようになりたいと私は思っています。人間関係はつねに不安定で、無常なものだからです。実際、関わりのあった比丘たちへの信頼感のさらに背後には、仏法僧の三宝への揺るぎない信頼があったからこそ、安定した心で修行に臨めたのです。そして、智慧を育む修行においては、孤独は欠かせない良薬であるように思われます。

58 畜生との共生

孤独といっても、蟻、蚊、蛾、蜘蛛、ヤモリ、トッケイ（オオトカゲ）、サソリ、猫、孔雀などの畜生たちには頻繁に出会うので、いわば共同生活者のようでもありました。案外付き合いに苦労したのは蟻です。黒い蟻、赤い蟻、大きい蟻、小さい蟻と、さまざまな種類の蟻が、クティの中をよく歩いていました。日本では見ないような大きな蟻もいます。

私の身体から吹き出た汗を美味しそうに飲んでいる蟻も多く、乾期なので喉が渇いているのだろうと思いました。

単独行に入る前に、元陸上自衛隊員のパンニャーシッポー比丘から、小さな洗面器三杯の水だけで全身を洗う方法を教えてもらいました。貴重な雨水を無駄にしないためのサバイバル術です。私はどうしても小さな洗面器五杯の水を使ってしまうのですが、身体を洗い流した水は排泄物を流すために再利用するために、タライに貯めておきました。すると、夜中にその水を飲むために蟻が大行列になっているのです。しかし水が多すぎると、溺れて死んでしまう蟻が出てしまうので、私は大きなタライに薄く水を貯めておくようにしました。すると蟻は一匹も溺れることなく、夜通し水を飲んでいました。

瞑想しているときに蟻が身体に上ってくると、くすぐったいですし、噛まれることもあります。そんなときは、蟻が嫌いなシッカロールの粉を周りに撒いておくと、あまり近寄ってこれなくなります。このように蟻との共住にはけっこう気を遣いました。

気を遣うと言えばサソリです。小さなサソリのほうが案外毒が強いと聞いていたのですが、小さなサソリは草履に隠れていたりして、誤って踏みそうになることがあるのでよく注意しました。クティでサソリを発見すると、茶こしの網やゴミ箱などで捕まえて、遠くまで行って森の中に放しました。

それからトッケイというオオトカゲもたくさんいます。なかには全長が五〇センチくらいあり、色が鮮やかな個体もいて、はじめてトイレで出会ったときには恐竜かと思って驚きました。このトカゲは「クゥクゥクゥ、トッケイ、トッケイ、トッケイ」と特徴的な鳴き方をします。あるとき、猫が大きなトッケイを捕まえて、きれいに完食しているのを見ました。畜生の世界は弱肉強食で厳しいものだと思いました。

尚、本書に収録されている写真は、ネットにつながっていないスマホで私が撮ったものや、他の比丘や在家者が撮影したものが含まれています。

第8話――在家修行者としての生き方

59 コロナ襲来で急いで帰国

このように私は完全無言行に励んでいましたが、巷では新型コロナウイルスの感染が拡大し、タイでもクラスターが発生して緊迫した事態になっていました。隣のマレーシアは三月二〇日に出入国禁止となり、まもなくタイも追随するといわれ、次々と飛行機が欠航していました。そんな修行最終盤のあるとき、ターナタンモー比丘が無言行中の私に突然話しかけてきました。「石川さん、命にかかわることではないので応答しなくても結構ですが、一応お知らせします。新型コロナがタイで広がっていて、飛行機が飛ばなくなってきています。このままだと国境が閉鎖され、石川さんは日本に帰れなくなるかもしれません。修行を中断しますか」。これを聞いて私は突然現実に引き戻されました。個人的にはタイで引き続き修行ができたら幸せでしたが、四月から大学で授業を担当しなければならないので、そういうわけにはいきません。したがって、どうしても三月中に帰国しなければなりません。そこで「お知らせいただきありがとうございます。沈黙行を中断させてください」と、久々に言葉を発しました。ここからは急展開になりました。私が予約していた月末の帰国の便はすでに欠航となっていました。急いで他のチケットを予約するのですが、次々とそれも欠航になってしまいました。旅慣れたターナタンモー比丘に手伝っていただきながら、最終的には三月二二日の二一時チェンマイ発、バンコク乗り継ぎの夜行便で成田に向かうタイ国際航空のチケットを予約し、これが飛ぶことに賭けて、予定を早めて寺を出ることに決めました。

60 還俗・仏像・研究会・帰国

二〇二〇年三月二二日の朝四時、最後の朝課を行い、その後、三月に日本から修行に来ていた日本の真言宗の僧侶の関龍圓さんと二人で、最後の托鉢を行いました。読経も托鉢もリトリート中は参加していなかったので久々でしたし、これが人生最後かもしれないと思い心に刻みました。関龍圓さんがこっそり托鉢中の写真を撮ってくださいました。

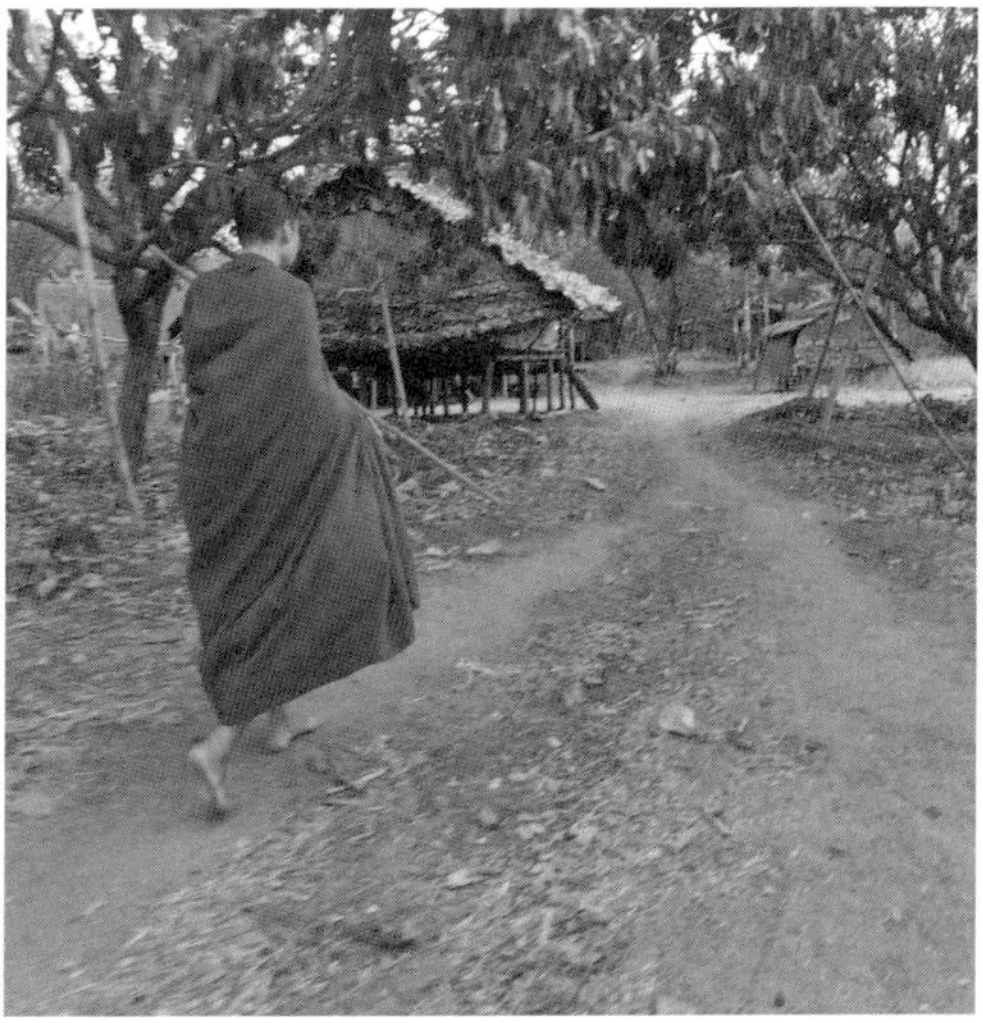

最後の托鉢をするタンマラトー比丘

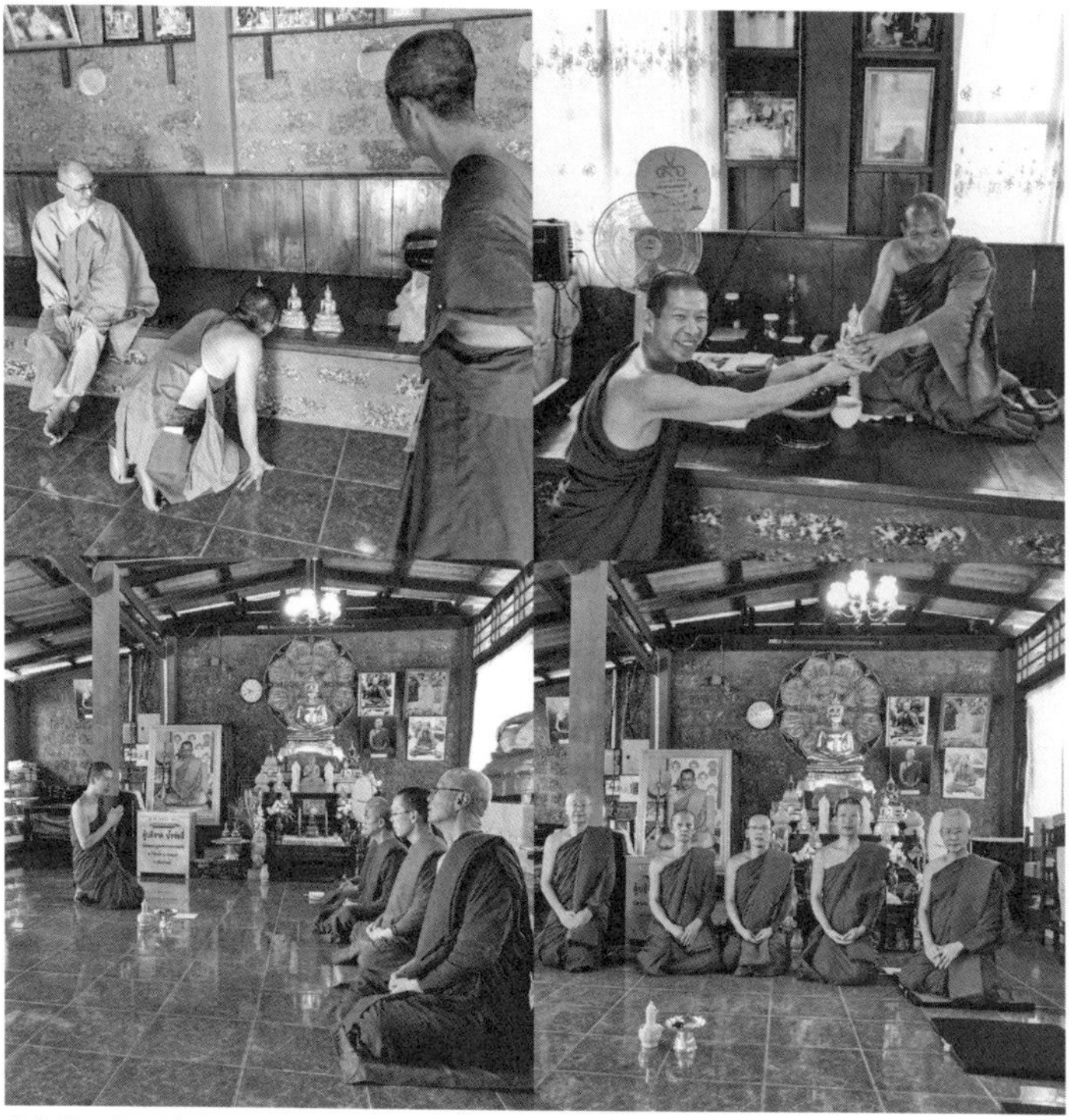

仏像贈呈（上左）。仏像拝受（上右）。還俗式（下左）。還俗式後（下右）、

その後、還俗式を行ってくださいました。比丘としての死です。三カ月弱の間のさまざまな出来事が思い出されて、感謝の気持ちでいっぱいになりました。

帰りにチェンマイで仏像を土産に買っていこうと思っていたのですが、コロナで軒並み店舗は閉鎖されているということで、残念ですと申し上げたら、パンニャーワロー比丘は高さ二メートルほどの大きな仏像を指さして、「こちらをお土産にお持ち帰りください」とおっしゃっいます。鞄に入りそうにないのでお断りしましたが、最後までオチをつけてくださいました。その代わり、マハープンニョー長老の計らいでお寺にある小さな仏像を贈呈してくださいました。

衣と鉢をすべて返却し、三カ月ぶりに洋服を着ました。タンマラトー比丘（私に与えられた法名）は死んでしまったと思いました。しかし彼なりに一生懸命修行した上での死なので満足でした。

タイ修行の第４期に当てられていた研究会は、仏教学者など日本からの参加者が来られなくなったので、今こちらにいるメンバーだけで小規模で行いました。私は在家信者として参加し、準備した資料に従って発表させていただきました。私の発表よりも、それぞれの比丘が発言されている内容が、求道者としての言葉で、心に沁みてきました。

研究会が終わると、比丘たちに世話になった御礼と挨拶をして別れました。ラーさんの

モンドゥップ前

車に乗せていただき、チェンマイ国際空港に向かいました。タイでの修行生活すべてが本当にありがたいという気持ちでいっぱいでした。約三カ月間の比丘出家生活はとても濃い日々でしたが、終わってみると昨日こちらにやってきたような不思議な感覚でした。在家の人生と出家の短い人生は、やはり大きな違いがあるとあらためて思いました。物質的になにも持たずに、律を守り、正法に従って修行生活をしている比丘たちは、やはり輝いているとあらためて思いました。

おわりに

ミャンマーとタイで短期出家を体験して

二〇二〇年三月二三日、満員の飛行機に乗って、タイから無事帰国することができました。日本にもコロナ禍が本格的にはじまった時期であり、四月七日にははじめての緊急事態宣言が発令されました。私の大学の仕事は急遽すべてオンラインになり、その対応に追われ、非常に多忙で複雑な生活になりました。ミャンマーから帰国したときも職場で学科長になってしまい忙殺されましたが、タイから帰国したら今度はコロナ禍に巻き込まれ、職場は大混乱し、仕事の方法が激変して再び大変な目に遭いました。

二度の短期出家を経験し、どちらも信じがたいほど有意義な経験でした。人間として体験できることの中で、出家修行は最上だろうと思います。それは解脱につながる出世間の正しい修行だからです。世間のいかなる体験も、出世間の体験には及びません。二度の短期出家はどちらも正しい修行をすることができましたが、ミャンマーとタイでは異なるタイプの寺院だったので、その修行内容は異なりました。その相違は次のようなことだったと思います。

ミャンマーの僧院は、瞑想指導のプログラムがシステマティックで、具体的な課題を与えられて瞑想に励む瞑想センター的な寺院でした。瞑想以外にすることが最小限なので、生活のすべてを瞑想だけに打ち込むことができ、とくにサマタ瞑想を徹底的に深めるためには最適の環境でした。

タイの寺院では、瞑想はそれぞれの比丘に任され、戒律や習慣をよく守り、ともに助け合いながら森林の中で静かな修行生活を送る修行寺院でした。瞑想プログラムがないので、さまざまな修行の仕方に挑戦することができます。私は四期四種の修行を経験させていただきました。こちらでは修行者として自律的主体的に生きることを学べたように思います。

はじめにミャンマーで手取り足取りの指導を受けてサマタ瞑想を深め、その後自分なりにパーリ聖典を拠り所として修行法をある程度確立した後に、タイの修行寺院で自主的な修行をさせていただいたことは、順番も適当でしたし、私の中で修行の幅を広げることができ、とてもよかったと考えています。

二カ所で短期出家修行をしたことによる、修行そのものではない大きな恩恵としては、多くの比丘とたくさん話ができたことです。さまざまな比丘の生き方・考え方に触れたことは、修行者として生きるための大きな財産になりました。世間ではまず会えないような方ばかりです。彼らを勝手に法友と思うことによって、修行をする動機とエネルギーが湧いてきます。実際に比丘と接することによって、私は仏法僧への偽りのない尊敬の念が育ちました。とりわけ僧・サンガに対する尊敬の念が私の中に根づいたことは大きな収穫です。ですので私は日本にも、世の福田《ふくでん》たる本物のサンガができることを夢見ているのです。

在家修行者の生き方の構築

私は自分の人生を大きく俯瞰して振り返ると、四つのステップを歩んできたと考えています。第一ステップは「探究」で、青年期から無手勝流に、さまざまな宗教、思想、霊性（スピリチュアリティ）、心理学などの知識を漁り、真理の探究（求法）と生き方の探究（求道）を行ってきました。第二ステップは「学究」です。これは「探究」の一部を世間で認められる学問の形にしてアウトプットすることによって、学問をする人（学者）の看板を掲げて世間で生きることです。第三ステップは「修行」です。学問や知的探究をいくら重ねても解脱に達することはないことを悟った私は、修験道、シャーマニズムを皮切りに「修行」の道に足を踏み入れました。最上の修行はもちろんブッダの正法に基づく仏道修行です。第四ステップは「積徳」です。正しい修行はもちろん積徳になりますが、世俗世界においてもたくさんの徳を積むチャンスがあります。私の仕事は教育・研究・臨床ですので、

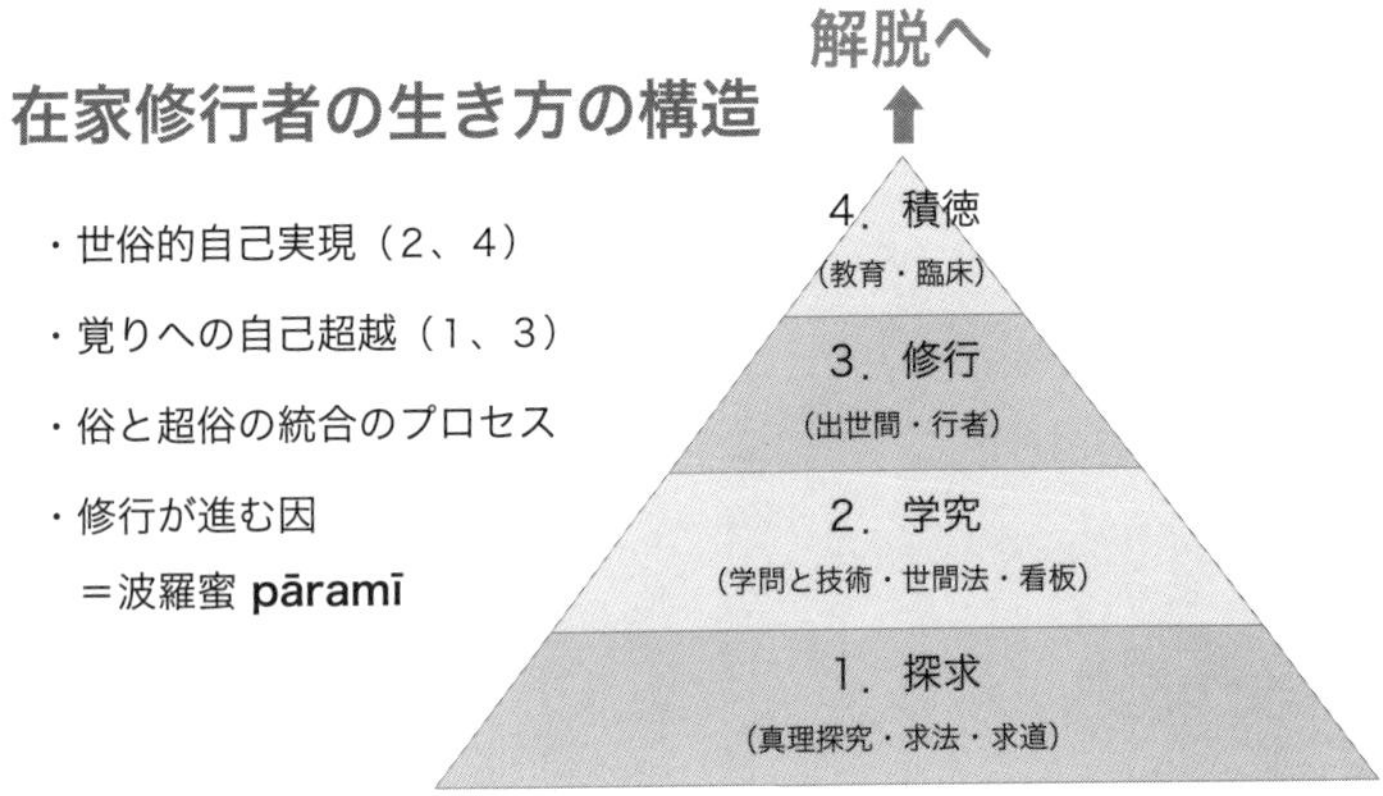

図・在家修行者の生き方の構造

これらの活動を通して多くの人を援助することや正しい知識を伝えることが「積徳」になります。とくに私はダンマと瞑想と心理療法を統合した独自の「ダンマ・セラピー」を実践していますので、最上の布施である「法施」をするチャンスがあります。ダンマを聴いて喜ぶ人や瞑想を味わって喜ぶ人を見ると私は心からうれしくなります。このような方たちが、ダンマが拠り所になることを自らよく検証して確信し、自立した修行者になってほしいと心から願い、さまざまな形で支援を行っています。

クリアには分けられませんが、大まかにいうと、第二・第四ステップは世俗的な自己実現であり、第一・第三ステップは、出世間的な自己超越ということができます。こうして超俗的な出世間の体験と、世俗的な世間での活動を、統合しながら生きることが、出家修行を体験した在家修行者の生き方ではないかと思っています。世間で有意義な活動をすることが、修行を進める原動力としての波羅蜜（パーラミー pāramī）にもなるのです。出世間の智慧をもって世間で生き、受け取れる人に丁寧に伝えることは、独特の味わいのある生き方です。将来再び人間として転生した場合には、同じように世間に生きながら出世間の智慧をもつ生き方をしたいと今は思っています。ブッダは来世に希望を持つことはよいことであると伝えていますので、今生で解脱できない場合には、転生を見据えた今の生き方をすることは有意義であると思います。

タイの僧院から臨む夕日

附録

ブッダの教えを正しく理解するための基本用語解説

基本用語解説について

本書をより深く読んでいただくための仏教用語の解説です。本書ではときどき専門的な用語も出てきますが、仏教になじみのない方でも本書の内容を十分理解できるように、できるだけわかりやすく解説しました。文献的にも修行によっても裏付けられた著者の理解による表現です。重要な言葉は深く掘り下げている部分もあります。単なる知識としてではなく、修行に役立つような表現も敢えて盛り込みました。この用語解説をじっくり読むだけでも、大きな学びがあると思います。

この基本用語解説は、仏教用語を網羅するものではありませんので、さらにダンマを広く深く学びたいと思われる方は、末尾の参考図書などを参照されることをお勧めいたします。西洋近代の精神分析や心理学などよりははるかに深く、はるかに進んだ心と身体に対する理解を二五〇〇年前にブッダがすでに持っていました。そしてそれが現代に伝え続けられていることによって、西洋がそれらの一部を取り入れる形で、マインドフルネスといった心の技術が現代に現れもするのです。

本書で私がお伝えした体験は上座部仏教の伝統によるものです。この伝統は生身のブッダ、お釈迦様から直々に伝わった系譜と東南アジアでは信じられています。私もブッダ在世当時の初期仏教にもっとも近いのは上座部仏教であると思っています。なぜ、そのようにブッダ直系の伝統が今に伝わったのでしょうか。人間社会の常として、上座部仏教においても、土着文化、国家権力、他宗教による浸食や、世俗化がたびたび起きていますが、一定限度を超えるとブッダ在世当時の初期仏教に帰ろうという運動が起き、自浄作用が働いてきました。たとえば、タイにおいては、やや世俗化する傾向のあるマハーニカーイ派に疑問をもったワチラヤーン比丘が、パーリ聖典に忠実な修行を志向するタンマユット派を勃興させました。ミャンマーにおいてはイギリス統治下におけるレーディ・サヤドーの仏教復興運動ともいえる民衆への仏教の再布教が起こりました。残念ながら、日本の仏教ではこのような自浄作用がほとんど働かなくなってしまいました。しかし上座部仏教においては、時代を超えた不断の努力によってブッダの純粋な教えと実践が現在まで約二五〇〇年間保たれ続けてきました。これは、人類史の中でも希有で驚くべきことだと思います。

古代の叡智にして今なお人類の最高到達点である知識がブッダに説かれたダンマです。ゴータマ・シッダッタは過去の人物ですが、ブッダとなった彼が残したダンマは私たちを未来へ導く智慧なのです。この智慧が伝え続けられる限り、どんな暗黒の世界にあっても、探し求める者には光が灯されているのです。

日本仏教と上座部仏教

日本仏教

日本に仏教が伝わったのは、公式には欽明天皇《きんめいてんのう》（五〇九年頃〜五七一年頃）の時代にはじまり、以後断続的に中国や朝鮮半島からもたらされたとされている。ブッダが教えを広めたインドから見て、北に位置するルートの中国経由で日本に届いたので、日本仏教は北伝仏教とも呼ばれる。日本仏教を支えた主要な人物を列記してみよう。

聖徳太子（六〇四年、十七条憲法制定）

行基（法相宗《ほっそう》の僧、六六八〜七四九年、仏教の民間布教や社会事業に尽力、日本初の大僧正）

鑑真《がんじん》（日本の律宗《りっしゅう》開祖、唐の僧、六八八〜七六三年、七五三年に渡来、日本初のサンガを確立）

最澄（日本の天台宗開祖、伝教大師《でんぎょうだいし》、七六六年または七六七年〜八二二年）

空海（真言宗開祖、弘法大師、七七四〜八三五年）

栄西《ようさい》（日本の臨済宗開祖、一一四一〜一二一五年）

法然（浄土宗開祖、一一三三年〜一二一二年）

親鸞（浄土真宗開祖、一一七三年〜一二六三年）

道元（日本の曹洞宗開祖、一二〇〇年〜一二五三年）

日蓮（日蓮宗開祖、立正大師、一二二二年～一二八二年）

一遍（時宗開祖、一二三九年～一二八九年）

このような日本仏教のオールスターが教えたのは、すべて北伝の大乗仏教である。大乗仏教は、ゴータマ・ブッダの教えを一部では継承しているが、まったく異なる内容の教えも多い。とくに日本仏教では各宗派の開祖の教えがブッダの教えよりも大きな比重が置かれていることが多いことが特徴。近年、歴史上初めて日本にブッダの教えが伝えられつつあるので、大乗仏教とブッダの教えを比較し、合理的・理性的・体験的・学術的に検討することができる時代に入った。そもそも、仏教とは「ブッダの教え」という意味なので、日本仏教は仏教といえるのか、はたまた別の宗教なのかという問いも投げかけられている。

上座部仏教（テーラワーダ・ブッディズム Theravada Buddhism）

長老（テーラ Thera）の教えという意味のテーラワーダ仏教（TheravadaBuddhism）が正式名称であり、その日本語訳が上座部仏教または上座仏教である。現存する仏教のなかでは、ブッダが本当に教えたことをもっとも高い純度で継承し、ブッダ在世当時にもっとも近い修行実践を継続していると言われている。ブッダの時代にインドからスリランカに伝わり、その後東南アジア各地に広がったとされ、インドから見て南のルートで伝わったので南伝仏教ともいわれる。

日本の上座部仏教とブッダの瞑想

日本には明治時代に伝わり、明治政府の神道国教化政策に伴う仏教排斥運動（廃仏毀釈）もあり、広がることはなかった。釈興然（法名グナラタナ）はサンガを作ろうと試みたが、厳格すぎる戒律の運用が摩擦を引き起こし、立ち消えになった。

第二次世界大戦後、一九五八年に、北九州市の門司港の山頂にビルマ（現ミャンマー）政府公認の寺院として世界平和パゴダが建立された。その目的は、世界平和の祈念、日本とビルマの友好親善、ビルマ戦線で亡くなった戦没者の慰霊である。こちらの寺院でウ・ウエッブラ長老の指導を受けて井上ウィマラ氏が修行し、後にビルマに渡り比丘出家し、北米で瞑想指導を行い、還俗後は高野山大学教授となり、日本に上座部仏教を伝えた。故・鈴木一生氏は井上から瞑想の指導を受け、後に日本テーラワーダ仏教協会初代会長となり、日本に上座部仏教を広める足がかりとなった。

一九八九年に、故・竹田倫子氏によって日本上座仏教修道会が発足し、パーリ聖典の学習、ブッダの教えとヴィパッサナー瞑想を日常生活の中で実践すること、そして日本に正しい仏教が伝わることを目的に活動している。現在はミャンマーのニャーヌッタラ長老が指導している。

一九九四年には、スリランカのシャム派のスマナサーラ長老が中心となって、日本テーラワーダ仏教協会が発足した。スマナサーラ長老はミャンマーのマハーシ系のヴィパッサナー瞑想を指導し、日本語で多数の法話・講演・執筆を行い、多分野の著名人と対談を行い、勢力的にブッダの正しい法を日本に伝えている。

ミャンマーの長老であるレーディ・サヤドー系のヴィパッサナー瞑想も日本に伝わっている。ミャンマーの在家の瞑想指導者のサヤジ・ウ・バ・キン（一八九九～一九七一年）氏からこの瞑想法を受け継いだサティヤ・ナラヤン・ゴエンカ氏（ミャンマーの在家瞑想指導者、一九二四～二〇一三）は、世界各国でブッダの瞑想法とダンマを伝えた。一九八九年に日本ヴィパッサナー協会を発足し、京都のダンマヴァーヌと千葉のダンマーディッチャという瞑想センターを開設。若者を含めて多くの人がゴエンカ氏の十日間のコースに参加し、ブッダの瞑想法を体験し、ダンマの講話を聞いている。ゴエンカ氏は、ダンマは宗教や宗派とはかかわりのない普遍的なものであり、どの宗派や宗教にも属していないという立場である。もはや上座部仏教という枠を超えているが、宗教的信仰の有無にかかわらず、世界中の様々な背景をもつ人びとにブッダの瞑想とダンマを伝えることに成功しており、それはブッダの意向に一致していると思われる。

その他、タイ上座部仏教のタンマガーイ寺院や単立寺院が日本には二〇以上あり、主にタイ人の比丘や在家信者が修行をしたり参拝をしているが、少数の日本人もそれに参加している。

三宝（ラタナ・タヤ ratana-taya）

仏・法・僧の三つの宝。仏教徒とは、この三つの宝をよく理解して信頼して敬意を表し（帰依するという）、戒律を受けて守る人のことをいう。在家の仏教徒は殺さない、盗まない、不倫をしない、嘘をつかない、酒を飲まないという五つの戒を守る。出家の男性修行者（比丘）は二二七の律を備え、出家の女性修行者（比丘尼）は三一一の律を備えている。

仏（ブッダ Buddha）

パーリ語で覚った人という意味。本名ゴータマ・シッダッタ（通称「お釈迦様」）は完全な覚りをひらいたのでブッダと呼ばれるようになった。そもそも「仏教」とは「ブッダの教え」という意味。ブッダは現在のネパールで生まれ、主に北東インドで生涯を過ごした。

ゴータマ・ブッダの生没年は諸説あり、紀元前六二四年～五四四年（南伝系の説）、紀元前五六六年～四八六年（北伝系の説）、紀元前四六三年～三八三年（中村元説）など、百年以上もの幅がある。共通しているのは八〇歳の生涯で、王族（釈迦族）の王子だったが二九歳で王子の立場も家族もすべて捨てて出家。およそ六年間の苦行をし尽くしたあと苦行を捨て、乳粥を飲んで菩提樹の下で坐って真理を覚って解脱。お釈迦様三五歳のことだった。

尚、二〇二三年（令和五年）は、ブッダが入滅した紀元前五四四年（南伝説）から二五六七年経っているので、ミャンマーのカレンダーには仏暦二五六七年と書かれている。ややこしいがタイでは入滅の翌年から数えるので、二〇二三年のカレンダーは仏暦二五六六年と一年少なくなっている。

日本では四月八日がお釈迦様の誕生日と考えられていて、花まつり、降誕会《ごうたんえ》、灌仏会《かんぶつえ》などと呼ばれて祝われている。一二月八日は解脱した日として成道会《じょうどうえ》と呼ばれて祝われる。しかしいずれもこの日にちの根拠はみつかっていない。東南アジアでは、五月か六月の満月の出る布薩《ふさつ》日《び》にウェーサーカ祭（vesākha-pūjā）が開かれ、ブッダの誕生・覚り（成道）・入滅（般涅槃）がこの日にまとめて祝われている。

法（ダンマ dhamma、サンスクリット語ではダルマ dharma）

「法」にはさまざまな意味があり、文脈によって適切な意味を読み取らなければならない。代表的な意味は、（ブッダの）教え、真理、宇宙の普遍的な法則、究極の真理、正義、現象（経験される対象）など。究極の真理という意味のダンマを心の底から深く理解すれば、煩悩に支配されることがなくなり、すべての苦しみは消え、もはや生まれ変わること（輪廻転生）はなくなり、涅槃に到達する。ブッダは究極のダンマを覚り、それをわかりやすい言葉で人間や神々、梵天たちに伝え、覚りを得るための具体的な修行方法を数多く教えた。お釈迦様が口頭で伝えたことを、没後に弟子たちが整理してまとめ、経典の形にした。ブッダの教えは当時の話し言葉（プラークリット）であったパーリ語で口承され、後に筆記されてパーリ聖典として現代に伝わっている。現代では英国に本部があるパーリ聖典協会（PTS：Pali Text Society）がパーリ聖典をローマ字にしたPTS版というものが広く用いられている。PTS版以外にも、ビルマ語で筆記されたり、タイ語で筆記されたり、古いアジアの言葉のランナー文字で書かれたりなどしたパーリ聖典（原始仏典）がある。日本ではローマ字にカタカナ表記を添えることが多く、本書でもそのように表記している。

主にブッダの言葉をまとめた「経蔵」、出家僧侶（比丘や比丘尼）が守るべきルールをまとめた「律蔵」、経蔵の教えを後に整理して理論的に構築した「論蔵」があり、この三つを合わせて三蔵という。

僧伽（サンガ saṅgha）

ブッダの教え（ダンマ）と律（ウィナヤ、出家者が守るべき規則・ルールのこと）に従い、出家して修行する人たちの集団。四双八輩《しそうはちはい》と呼ばれる諸々の聖者も含まれており、サンガはこの世の宝である。サンガに所属する僧（比丘や比丘尼）は、私たちにブッダの教えに則った正しい生き方を身をもって世間に示す希望の存在である。

サンガは正しい法（ダンマ）を継承し、伝える役割を持っている。サンガがなければ法はなくなり、仏教は滅する。日本人がブッダが本当に語ったことを現代日本語で学べるようになったのは、ここ数十年のことである。つまり、近年になってはじめて、日本人はブッダの教えを本格的に学ぶことができるようになったのだ。それができるのも、ブッダが入滅してから約二五〇〇年間途切れることなく、サンガが法（ダンマ）をねじ曲げることなく大切に継承してきてくれた恩恵に他ならない。サンガに布施をすると大きな功徳となるので、サンガは世の福田《ふくでん》といわれる。そのため、ミャンマー人やタイ人は、日常的にサンガにお布施をするだけではなく、仕事で大きな利益が出るとあらためてサンガにお布施し、苦しいことがあるとサンガにお布施し、死ぬ前にできるだけサンガにお布施をしたいと考える人が多い。そしてサンガの僧侶は私有財産を一切もたないので腐敗することがなく、信頼が保たれ、結果としてサンガは経済的にも潤っている。このような奇跡的な社会システムをつくったのもブッダである。

本書では私がサンガの一員となって修行した経験が綴られている。本書を発刊しているサンガ新社は、本物のサンガではないが、疑似サンガとして法を伝える役割を担っていると自負している。日本にも日本人による本物のサンガができることが望ましいと本書の著者は考える。サンガができればそれに接した日本人の心にダンマが伝わり、精神性の文柱となることが期待できるからだ。

四聖諦（チャットゥ・アリヤサッチャ cattu ariyasacca）

ブッダは覚りをひらいたあと、平安の境地に満足して浸っていると、梵天（色界や無色界や浄居天に住む生命）が目の前に現れ、覚った内容を人間たちにも伝えてほしいと請われた（梵天勧請《ぼんてんかんじょう》）。はじめは欲に支配された人間たちには到底理解できないからと渋っていたが、汚れの少ない人間や智慧のある人間もなかにはいるからと粘り強い説得を三度され、ブッダは願いを受け入れて、説法を始める。最初の説法（初転法輪《しょてんぽうりん》）で語られた内容が、中道、八正道、そして四聖諦である。四聖諦は、苦諦、集諦、滅諦、道諦の四つの聖なる真理という意味である。

苦諦（ドゥッカ・サッチャ dukkha-sacca）

生きるということは苦しみであるという聖なる真理。世間には苦しいことが多い。楽しいこともあるが、楽が永遠に続くことはない。つねに変化し続ける生命の世界には、動揺のない場所はない。生まれること、老いること、病むこと、死ぬこと（生老病死）は避けられない。迷いの生存においては、愁（心配）・悲（悲泣）・苦（身体の不快）・憂（心の憂い）・悩（煩悶）を体験する。憎いものと会わなければいけないこと（怨憎会苦）、愛するものと別れること（愛別離苦）、欲望が満たされないこと（求不得苦）、身体や心への執着から生じる苦しみ（五蘊盛苦）も避けられない。覚りをひらいて解脱しない限り、生きることは苦しみであるという、人間が認めたがらない真実。苦諦という事実を直視することによって、生きる苦しみの根本解決の道が開かれる。

集諦（サムダヤ・サッチャ samudaya-sacca）

苦しみの要因は数多く存在するが、その根本原因を突き詰めていくと、自分の中にさまざまな汚れた心（煩悩）が集まって生じていることに突き当たるという聖なる真理。

滅諦（ニローダ・サッチャ nirodha-sacca）

苦しみが完全に消滅した状態が実際にあるという聖なる真理。ブッダが修行によって到達した覚りの境地である。それは渇愛がなく、あらゆる煩悩が根こそぎ取り除かれた状態である。それは最高の平安であり、涅槃である。

道諦（マッガ・サッチャ magga-sacca）

苦悩を滅する道が存在するという聖なる真理。涅槃は絵に描いた餅ではなく、誰もが正しい方法に従って正しい修行を積めば到達できる境地である。初転法輪では、その方法論として八正道が説かれた。

八正道（アリヤ・アッタンジカ・マッガ ariya aṭṭaṅgika magga）

見解（見）、考え（思）、言葉（語）、行動（業）、生活の糧（命）、努力（精進）、気づき（念）、集中（定）の八項目をこの順にひとつひとつ徹底的に正しく調えてく修行法。当たり前のことと高をくくりがちであるが、八正道を正しく理解し、日常的に具体的に意識して実践するひとは滅多にいない。八正道を正しく修習すれば、かならず苦しみが減り、幸せが増えていく。愚直に実践すればだれでもそれを体験できる。逆に言うと八正道を実践することなく苦しみをなくすことは不可能である。

ブッダが言う究極の幸せは解脱なので、一攫千金・商売繁盛・恋愛成就・家内安全・病気平癒などの願望実現による幸せが得られるかは定かではない。ただし、八正道を正しく実践すれば、ある程度の世俗的な幸福も副産物として必然的についてくる。しかし世俗的な幸福は、移ろいやすく、不安定で、解脱に向かう修行によって得られる出世間的な喜びや楽に比べると、劣った幸せに過ぎない。世俗的な喜びに執着すれば、影のように苦しみはつきまとう。そのことをよく理解するのが一番目の正しい見解である。間違った見解をもっていると、八正道ははじまらないので、修行をしたとしても、究極の目標に向かうことはない。意味不明な迷信、権威や多数派の考えへの盲従、確認不可能な宗教の教義への信仰、荒唐無稽なスピリチュアルな言説、非合理的な諸々の考え方に固執している人は、八正道のはじめから躓いている可能性がある。そうするとどんなに努力しても幸せとは逆方向に進んでしまうので要注意。

修行（バーヴァナー bhāvanā）

悪行為をせず、善行為を行い、心を浄らかにし、法を学び、智慧を養うことは、すべて修行である。多くの修行があるが、瞑想は仏道には欠かせない修行のひとつである。瞑想は、大きく分けると集中型の瞑想法と、観察型の瞑想法がある。前者はサマタ瞑想、あるいは「止」の瞑想と呼ばれ、ブッダ以前から多くの瞑想法が開発されていた。座禅はサマタ瞑想の色彩が強い。一方で後者は、ブッダ独自の瞑想法で、ヴィパッサナー瞑想、あるいは「観」の瞑想と呼ばれる。観察の対象は、身体、感受、心、ダンマ（諸々の現象、法則）の四つ（四念処）であり、具体的なやり方をブッダは伝えている。

サマタ瞑想に習熟すると、集中力や気づきの力が高まるので、ヴィパッサナー瞑想も深まる。サマタとヴィパッサナーどちらも重要な瞑想法であり、二つを合わせて止観瞑想という。止観の瞑想によって、心が浄化され、それによって智慧が現れる。

ブッダの瞑想法の特徴は、すべて覚りに向かうものが厳選されており、健康を目的とするマインドフルネス瞑想や心理学的な諸技法とは明らかな違いがある。

正しい瞑想を体験するためには、八正道の実践がどうしても必要である。正しい修行をすれば、それぞれ具体的な変化や気づきが得られる。近年、瞑想の効果で脳が物理的に変化することも判明している。実際の変化を感じると、修行が面白くなって、楽しくなって、やめられなくなるかもしれない。その味を知ったら、めっけものである。瞑想修行に専念している人たちは、とても幸せな人なのだと理解できるようになる。修行の利益を実感すると、法（ダンマ）が真理であることがいちいち腑に落ちるようになる。そうすれば、法（ダンマ）に出会えて幸せだという気持ちや、感謝の気持ちが自然に湧いてくる。すると、ますます修行が進み、人生は好転していくだろう。

縁起（パティッチャサムッパーダ paṭiccasamuppāda）

宇宙のすべての現象は、原因があり、諸々の要因が縁となって生じているという宇宙の真理。原因と結果のリニアな因果法則（業論）に加えて、業の結果が生じるための諸要因を加えてより包括的にとらえた宇宙の仕組みが縁起である。人間だけではなく、神々も含めて、世界に存在する生命、もの、出来事はすべて縁起の法則の下に存在している。人生の生まれ変わりの縁起を無明、行、識、名色、六処、触、受、愛、取、有、生、老死という十二ステップに分けたものを十二縁起という。ミャンマーでは論蔵にもとづく二十四ステップの二十四縁起がよく唱えられているが、十二縁起を深く考察するだけで十分有益である。ヴィパッサナー瞑想では諸現象をあるがままに観察し、そこに貫かれている縁起をよく分析することによって、智慧が養われる。

輪廻転生

輪廻（サンサーラ saṃsāra）

生命は生まれては死に、また生まれては死ぬことを輪を廻すように繰り返すこと。覚りをひらいて解脱しない限り、自らがなした行為（業 kamma）に従って生まれ変わり続ける。あるときは善行為に応じた善いところに生まれ、あるときは悪行為に応じた悪いところへと生まれ変わる。いつどこにどのような存在として生まれ変わるかは業次第であり、三界の三十一世界を巡り続ける。一生の間の業は無数にあり、次の生命を決める業がどれになるかは、誰にもわからない。しかし、十分な善行為を積んだものは、それに応じて希望の転生ができるとブッダは説いている。死ぬ瞬間に善い心の状態だと、転生先も善い世界になると、後に編纂された論蔵には書かれている。もしもそれが本当なら、人生の最期の時は、次の転生を決定づける重要な局面である。正しい瞑想修行は死の予行演習という側面があるので、瞑想に習熟していれば、死ぬときに修行の成果が生かされるだろう。

三界（ティローカ tiloka）

仏教では生命が生きている世界（世間、ローカ loka）を大きく三つに分類する。下の粗い世界から順に、欲界（カーマーヴァチャラ kāmāvacara）、色界（ルーパーヴァチャラ rūpāvacara）、無色界（アルーパーヴァチャラ arūpāvacara）である。三界は、業に従って転生する世界であると同時に、心の成長段階、心の境地を反映している。

欲界は、三界の一番下の世界であり、その名の通り強い欲望が渦巻き、諸々の欲に支配され、欲に彩られている生命が住んでいることが特徴である。欲界をさらに細かくみると、下から地獄、畜生、餓鬼、阿修羅の四悪趣、その上が私たちが住んでいる人界（人間界）、その上が四天王界、忉利天、夜摩天、兜率天、楽変化天、他化自在天の六欲天がある。シャーマンや霊能者、臨死体験者などの人間がコンタクトできる神々・マスターなどは、ほぼすべて六欲天の存在である。所謂お化けや霊は、餓鬼界の生命であることが多い。天国、浄土、スピリチュアルな世界、高次元の世界などと呼ばれる場所も、六欲天のどれかだと思われる。

欲界のさらに上層には色界があり、微細なエネルギーの世界である。若干物質性は残っているが、肉欲・愛欲・食欲・金銭欲などの重たい欲はなく、色界禅定に習熟した清らかな色界梵天たちが住む世界である。

色界のさらに上層には無色界があり、もはや微細な物質性もなくなり、純粋な精神的要素だけの世界である。無色界禅定に習熟した清らかな無色界梵天たちが住む世界である。

上の世界にいくほど清らかで、明るく、美しくなり、下の世界にいくほど暗く、醜く、苦しみが多い世界となる。三界はこのようにそれぞれ別の性質をもつ世界であるが、三界すべてが迷いの世界でもあり、どこに住む生命も苦しみを完全には滅していない。ブッダは人間たちに法を教えただけではなく、欲界の神々や、色界や無色界の梵天にも説法を行った。仏教の修行は、天国・浄土・高次元の世界に行くことが最終目的ではなく、三界すべてを超えて卒業することが目的である。最高の覚りをひらくと、三界を超えた涅槃に到達し、苦しみが滅尽され、ゆるぎない永遠の安らぎを得られる。

業（カンマ kamma、サンスクリット語ではカルマ karman）

行為という意味。ブッダは、行為は原因となって、新たな結果をまねくという業と業果の宇宙法則を発見した。たとえば、種を蒔いたら（原因）、やがて芽が出て花が咲いて実を結ぶ（結果）。人間の行いでも、他人を殴ったら（原因）、殴り返される（結果）。他人に親切にしたら（原因）、御礼を受け取る（結果）など。業は、身体的な行為（身業）だけではなく、口で語った言葉（口業）、心で思ったこと（意業）のすべて（三業）が、原因となって、条件が満ちたときに結果が熟する。行為の結果が現れるのは、同時または直後に現れることもあれば、数時間後のこともあれば、数年後のこともあれば、来世のこともあれば、来々世に実を結ぶことがある。また、今世と来世の両方に現れることもある。行った行為が、いつどこで実を結ぶのかは誰にも分からない。業の法則は、身口意の行為によって宇宙に働きかけたエネルギーが、時空間を超えて、必ず自分に戻ってくるということである。天に唾を吐けば、自らの顔に唾が落ちてくるということである。これは神々が懲罰を与えたり、ご褒美を与えているのではなく、宇宙の普遍的な法則である。神々も業の法則の下で生きているので、業の法則を逃れたり、勝手に変えたりすることはできない。

私たちは、ブッダのような超人的な神通力がないので、原因と結果の連鎖のすべてを理解することはできないが、身口意をよく観察するならば、業の法則の一部をハッキリと知ることができる。業の観察と分析の積み重ねによって、帰納的に業の法則が成り立っていることを理解することができるのだ。私たちは表面的に短いスパンで見ると不条理で不公平な世界を生きているように見えるが、長いスパンで深く観察をするようになると、環境の影響を受けつつも、究極的には私たちは自作自演、自業自得、善因善果、悪因悪果の人生を生きていると感じられるようになる。

神通力（アビンニャー abhiññā）

超人的な不思議な力。超自然的能力。所謂超能力も含まれる。ブッダはさまざまな神通力を習得していた。たとえば、一つになったり多になったり、現れたり消えたり、壁や垣根や山をすり抜けたり、大地を水中のように潜ったり、水面を大地のように歩いたり、空中を鳥のように進んだり、月や太陽を手で撫でたり、梵天界など人間界以外にも移動することができた。このような能力を神変《じんぺん》（イッディ・ヴィダ iddhi-vidha）ともいう。ブッダは法を伝える時に神通力を用いることがあったが、ある時弟子が一般の人の前で神変を見せたところ、大きな混乱が生じ、人々は不思議な現象ばかりに関心を奪われてしまい、正しい道に導くために有害であったため、ブッダは出家修行者以外に神変を見せることを戒めた。

その他、神々や人の言葉を遠くにいても聴くことができる天耳通《てんにつう》、自分以外の生命の心を知ることができる他心通《たしんつう》、過去世の状態をいくつでも具体的に想い出すことができる宿《しゅく》命通《みょうつう》、すべての生命がそれぞれの業に応じて生まれ変わる様子を見通すことができる天《てん》眼通《げんつう》をブッダは身につけていた。神変、天耳、他心、宿命、天眼の五つの神通は、覚りのために必ずしも必要な能力ではないため、これに執着すると、誤った道に迷い込み、正しい修行ができなくなる危険性がある。つまり神通力は扱い方を誤ると修行の落とし穴にもなってしまう。

五神通の他に、煩悩を滅するための智慧をえる漏尽通《ろじんつう》も神通力に数え入れて、六神通という場合がある。神通力の基盤となる力を神足（イッディパーダー iddhipāda）というが、意識を一点に強く集中し続ける禅定が神足となる。

三学（ティッソー・シッカー tisso sikkhā）

戒（シーラ sīla）

在家信者が守るようにとブッダに教えられたことは、生き物を故意に殺さない、与えられていないものを盗まない、不倫をしない、嘘をつかない、意識を酩酊させる酒や現代風に言えばドラッグを使わない、という五戒（パンチャシーラ pañca-sīla）である。さらにいくつかの界を加えた八戒や十戒などもある。出家修行者（比丘）の場合は二二七戒を守り、女性の出家修行者（比丘尼）は三一一戒を護持する。

定（ジャーナ jhāna）

戒を守ると悪行為をなさなくなり、心が安定するので、禅定（ジャーナ jhāna）の修行が進むようになる。定とは禅定のことであり、瞑想の対象に極度に集中した三昧（samādhi サマーディ）状態を指すことが多い。ブッダは禅定を九段階に分類している。パオ・メソッドでは、禅定を修行の第一段階として繰り返し徹底的に修習し、習熟を目指していく。

慧（パンニャー paññā）

禅定に習熟すると、強力な集中力が身につき、煩悩が取り除かれるので智慧（パンニャー paññā）が生じる。智慧が生じると、真理を覚り、解脱に至る。戒・定・慧は三学と呼ばれ、修行の合理的な基本構造である。

波羅蜜（パーラミー pāramī）

元々の意味は「最高のもの」「完全なもの」。最高で完全な涅槃に至るために必要な修行や善行為が波羅蜜である。布施、持戒、出離、智慧、精進、忍辱、真実語、決意、慈、捨の十波羅蜜がある。在家の徳目で、五戒がやるべきではない禁戒であるのに対して、波羅蜜はやることを勧められる勧戒である。

車を運転するにはガソリンやバッテリーなどのエネルギーが必要なように、瞑想修行を進めるには波羅蜜が必要となる。波羅蜜が満ちると瞑想がうまくできるようになり、涅槃に近づく。瞑想がまったく出来ない人や、行き詰まっている人、伸び悩んでいる人は、波羅蜜を貯めることを心がけるとうまくいくようになる。

覚りと解脱

覚り（ボーディ bodhi）

煩悩に支配された迷いの生存のさなかに、究極の真理に目覚めて、心が完全に浄化され、苦しみを完全に滅した状態に至ること。通常は、小さな覚りが積み重なり、時折大きな節目の覚りがやってきて、最終的に大悟を得て、完全な覚りに到達する。大乗仏教では菩提ともいう。ブッダは覚りに至る過程には、預流道《よるどう》、預流果《よるか》、一来道《いちらいどう》、一来果《いちらいか》、不還道《ふげんどう》、不《ふ》還果《げんか》、阿羅漢道《あらかんどう》、阿羅漢果《あらかんか》の八つの階梯があるとした。この流れにある聖者をまとめて四《し》向四果《こうしか》あるいは四双八輩《しそうはちはい》という。完全な覚りに到達した生命を阿羅漢と呼ぶ。

ブッダ存命中は、弟子にどの段階にあるかを伝える授記がしばしば行われたが、全員に伝えることは困難なので、それぞれの階梯の基準（法の鏡）を教え、自ら省みて判断するように教えた。尚、他者がどの階梯にあるのかを尋ねたり、自分はどの段階にあると公言することは禁止された。覚っていないのに覚ったといって偽ることによって、名声を得るなどの不正な利益を手に入れようとする不届き者がいるからである。もしも覚っていないのに自分は覚ったと修行者が嘘をついた場合には、パーラージカ（pārājika）という最高に重い罰則が科され、生涯サンガから永久追放されるという律がある。

四双八輩の聖者の身体を傷つけたり、誹謗中傷したりすると、大きな悪業となり、大きな不幸を招く。反対に、聖者に布施をしたり、尊敬して敬意を表すると、大きな善業となり、大きな幸せを招く。つまり、聖者にどう接するかよって、ハイリスクハイリターンの業が生じる。もしも阿羅漢を殺害した場合には、確実に地獄に落ちるといわれている。

覚りの階梯は、世間的な地位、権力、名声、称号、人気、財産、容姿、資格、学位などとはまったく関係がない。また、瞑想の進捗とも必ずしも関連しないところに妙味がある。禅定を得ても、すばらしい神秘体験をしても、卓越した神通力・霊能力・超能力があっても、それと覚りの階梯とは関係がない。覚りの階梯と関係があるのは、どれだけ心の汚れが取り除かれたかどうかということだけなのである。

解脱（ヴィムッティ vimutti）

ヴィムッティの元々の意味は「熱がない」。通常は解放、離脱、免れること、救出、などを意味する。なにから解放されるのかということ、自分の煩悩から自由になり、離脱し、免れ、救出されるということである。そのつど煩悩から自由になることも一時的な解脱である。煩悩の熱が完全に冷めてなくなってしまえば、苦しみの根本原因が消失するので、結果として苦しみが滅し、生まれることも死ぬこともなくなり、輪廻の輪からも解放される。これが完全な解脱であり、仏道修行の最終目的である。多くの生命は自分の欲望を満たしたいと願っているので、煩悩を手放したくはないし、解脱はしたくないと思っている。しかしその欲望と執着のゆえに、苦しみは決して無くなることがない。そして苦しみがなくなることはないと考えている。この考え自体が無明であり無智である。最終的な解脱を目指すか目指さないかは各生命の自由だが、生きる限り苦しみは免れないことを明晰に理解し、四聖諦を理解すると解脱への意欲が目覚めはじめる。

涅槃（ニッバーナ nibbāna、サンスクリット語ではニルヴァーナ nirvāna）

ニッバーナの原意は「(炎が) 消えた (状態)」。つまり涅槃とは、煩悩の炎が消えた状態を表す。覚りの智慧が完成し、貪瞋痴の煩悩が消えて心が清らかになり、やるべき修行をすべて成し遂げた最高の境地。此岸の世間に対し、涅槃は彼岸であり出世間。涅槃に至ると、心の苦しみがなくなり、静かで無上の安らぎに満たされ、揺るぎない永遠の平和に到達する。これを涅槃寂静《ねはんじゃくじょう》という。肉体が維持されているときに解脱した場合、心の苦しみはなくなっていても、身体の痛みなどの苦しみはまだ残されるため、有余涅槃《うよねはん》という。死を迎えると身体の制約による苦しみからも完全に解放されるので、残された苦しみは何もないという意味で、無余涅槃《むよねはん》という。このような完全な涅槃を般涅槃（パリニッバーナ parinibbāna）といい、もはや生まれることも死ぬこともなく、何かに煩わされることもなくなる。

仏教の世界観

仏教は世界を大きく二つの見方で理解する。世間（ローカ loka）と出世間（ロークッタラ lokuttara）あるいは世俗諦（サンムティ・サッチャ sammuti sacca）と勝義諦（パラマタ・サッチャ paramattha sacca）だ。この二つの理解の仕方の違いがわからないと、仏教の正しい理解はできないといってよいほど重要な概念である。

世間法（ローキヤ・ダンマ lokiya dhamma）

世間とは、ご近所のことだけではなく、地球上の人間社会だけではなく、生命が輪廻する宇宙すべて、三界または三十一の世界すべてを指している。世間の特徴は、住んでいる場所であるから日常的に馴染みがあるということ。しかし、日常とは移ろいやすく、安定がなく、拠り所がなく、動揺や苦しみが生じやすく、生命が輪廻する迷いの世界である。世間に住む生命はしばしば、利得と損失、名声と不評、称賛と誹謗、楽と苦などに心が支配され、惑わされる。世間において真理と信じられているものは、社会規範、文化的伝統、多数派の考え、学問、科学、法律などがあるが、これらすべてを世間法と呼ぶ。世間法は、無常なので、時代や文化によって変化する暫定的な真理に過ぎない。

世俗諦（サンムティ・サッチャ sammuti sacca）

世間法は世俗諦ともいい、これらは限定された条件の下での真理なので、かりそめには役立つが、揺るぎない拠り所とはなりえない。

出世間法（ロークッタラ・ダンマ lokuttara dhamma）

それに対して、出世間とは、文字通り世間を脱した世界であり、迷いの世界を超えた覚りの世界である。出世間における真理を出世間法といい、その特徴は、時代や文化によって変化することがなく、いつどこでも誰にでも通用する普遍的な真理であるということである。

勝義諦（パラマタ・サッチャ paramattha sacca）

出世間法は勝義諦とほぼ同義であり、もっともすぐれた究極の真理であり、この世の根本的な原理である。出世間法は、止観の瞑想修行によって各々が確認可能であり、確信したならば揺るぎないよりどころとなり得る。覚りをひらくとは、出世間法を智慧によって明晰に理解することである。出世間法を心の底から理解すると、苦しみの原因である煩悩が足元から崩壊していき、それによってのみ迷いの世間を脱出することが可能となる。ブッダは世間法と出世間法の両方を教えたが、いうまでもなく重要なのは出世間法である。

昨今普及しつつあるマインドフルネス瞑想は、ブッダの教えが元となっているが、世間化されてしまっているので、心身の健康には役立つが、覚りに向かう瞑想ではなくなっている。心理学の知識も心の治療や健康には役立つが、すべて世間法であり、出世間法は含まれていないので、苦しみを根治することはできない。スピリチュアリティなどの霊的な知識や技法、諸々の宗教の教えも、ほとんどは世間法の範疇内に留まっている。日本の仏教も、残念ながら相当に世間化され、出世間のブッダの教えが霞んで見えにくくなってしまっている。神変、天耳通、他心通、宿命通、天眼通の五神通は、不思議な能力ではあるが、いずれも世間的な能力なので、覚りに欠かせないものではない。ただし漏尽通は出世間の智慧である。このように、一見救いをもたらしそうな知識も、世間ではそれなりに役立つことはあるが、究極の覚りに導くことはできないので、対症療法である。

このような、世間／出世間を統合するものとして、出世間法・勝義諦であるダンマを軸に据えた、独自の対人援助法としてダンマ・セラピーを私は独自に提唱・実践している。ダンマ・セラピーは心理療法と瞑想と法（ダンマ）を統合した、唯一の根治療法である。詳しくは拙著『心を救うことはできるのか［新装版］：心理学・スピリチュアリティ・原始仏教からの探究』（サンガ新社、二〇二三年）を参照されたい。

三相（ti-lakkhaṇa）

ヴィパッサナー瞑想（観察瞑想）によって見る世界の有様には三つの相があり三相という。それが無常・苦・無我であり、この宇宙の普遍的な様相である。三相についてとことん観察するヴィパッサナー瞑想を深めると、覚りにいたる智慧を生じさせる。智慧の眼でみると、宇宙のあらゆる事象は無常・苦・無我であることが明白なものとなり、それを知れば知るほど諸々の煩悩が減弱してゆき、苦しみが消滅していく。

無常（anicca）

形成されたものはすべて変化し続ける。生じたものはやがて滅する。やって来たものはやがて去っていく。呼吸も、身体も、人間関係も、組織も、建物も、街も、国も、文化も、季節も、波も、雲も、風も、音も、岩も、地球も、太陽も、原子も、素粒子も、宇宙も、世俗的な幸せも、不幸も、感覚も、感情も、認識も、「私」も、すべては揺れ動き、変化し続けるということ。

日本人であれば、「祇園精舎の鐘の声、諸行無常の響きあり。娑羅双樹の花の色、盛者必衰の理をあらはす。おごれる人も久しからず、ただ春の夜の夢のごとし。猛き者もつひには滅びぬ、ひとへに風の前の塵に同じ。（……）」という『平家物語』（作者不詳［諸説あり］、鎌倉時代に成立した歴史物語）の言葉をご存知だろう。あるいは、「ゆく河の流れは絶えずして、しかももとの水にあらず。淀みに浮かぶうたかたは、かつ消えかつ結びて、久しくとどまりたるためしなし。世の中にある人とすみかと、またかくのごとし。（……）」という『方丈記』（鴨長明の随筆、一二一二年）の冒頭の一節も有名であり、見事に世間の無常という真理を表現している。それゆえ日本人には無常観は馴染み深い。私たちは、自分にとって都合の良いものは、当たり前に存在していて、これからも永遠に存在し続けるという願望にもとづいた妄想を抱きやすい。そのため、諸行無常をあらゆる事象に当てはめてよく観察し、考察することは、心の成長と修行にとって利益《りやく》が非常に大きいのである。

苦（dukkha）

世間に住むかぎり、安定ということはあり得ない（無常）。世間の出来事は、自分の思い通りにならないことがほとんどである（無我・非我）。それゆえ、生きるということは、本質的に苦しみである。

欲望は満たされないことが多い。満たされたとしてもそれはつねに一時的に過ぎない。好ましい状況も必ずやがて終わっていく。苦しい状況も必ず終わりがやってくる。この繰り返しは永遠に終わらないので、存在者の生存は本質的に苦である。地の果てまで行っても動揺のない場所はどこにも存在しない。「生きることは楽しいはずだ」と事実と異なることを期待して信じると、思い通りにならない現実に直面して失望と不平不満が心に増殖し、かえって苦しみを増すことになる。「生きることは苦しみだ」と事実をあるがままにみるならば、小さな幸せでも感謝の気持ちが湧き、心が満たされる。足るを知る心が生じる。世俗的な幸せへの執着を手放すことができると、心は明るく自由になり、煩悩を手なずけられるようになり、煩悩の支配から解放され、心は清まり、智慧の眼が開かれる。これこそが唯一の苦を乗り越える方法であり、こよなき幸せをもたらす。

無我（anatta）

「私」「我」というのは単なる概念であり、実体がないということ（無我）。あらゆるものは「私」ではないということ（非我）。たとえば、しばしば私だと思いこんでいる自分の身体も、自分の思い通りにはならず、老病死を免れず、無常そのものである。つまり身体は私ではない。私だと思い込んでいる自分の心も、自分の思い通りにはならず、諸々の感情、記憶、思考、認知がとどまることなく勝手に駆け巡り続けている。どのような考えや感情が浮かんでくるかは、まったく神出鬼没である。博学な心理学者ですら、たった三分間、意識を集中して瞑想することは困難である。つまり、心はままならず、統制できず、自分のものではない。ただ身体があり、ただ心があり、縁起の法則によって生滅を繰り返しているだけのことである。心も身体も自然現象のようなものである。本当の自分探しはいつまでたっても完結しない。本当の私などはじめから存在しないからである。玉ねぎの皮を一生懸命剥き続けたら、何もなくなってしまうようなものである。雲を手でつかもうとしてもできないのと同じである。

「私」とは頭の中で考えた仮の概念（パンニャッティ paññatti、施設《せせつ》とも訳される）でしかない。西洋の近代哲学は、デカルトの「コギト・エルゴ・スム（我思う故に我あり）」を原点としているとしばしば言われるが、ブッダが発見したことは「我思うが我無し」である。無我が真理であれば、コギトを基礎とした思索はすべて砂上の楼閣で、人を迷わすだけである。無我については、私たちの頭では考えにくい。言葉による思考の限界がある。世俗的な生活においては、「私」があるという前提がなければ円滑な社会生活が送れない。その意味では、無我にこだわることもなく、我にこだわることもない立場こそ中道であるようにも思われる。「私」はあるのでもなく、ないのでもないのである。

言語や論理に頼った哲学的な思索には限界があるが、ブッダの示したヴィパッサナー瞑想によって、無我という現実を調べると、大きな利益がある。多くの苦しみは、「私」「我」への囚われから生じていることに気づく。「私」がなければ、「私のもの」も存在しない。社会的な決め事としての「私」や「私のもの」は受け入れ、尊重しつつも、それへの妄執が弱まると、私たちの苦しみは減り、楽になっていく。無我は思索によってではなく、瞑想によって、経験によって確認せよ。

法名

出家をして受戒することによって、師僧から授けられる修行者としての名前。俗世間で生きてきた人が、仏弟子として出家した証しとして与えられるので、修行の自覚をもたらす効果がある。法名にはよい意味を持つパーリ語が用いられ、もちろん無料で命名される。

日本では、中世の頃から僧侶が死者に法名を与える独自の習慣があり、戒名ともいう。よい法名や戒名をもらったからといって、死後に善いところにいけるというブッダの教えは存在しない。どのような法名であろうとも、戒名があってもなくても、行った行為（業）によって今回の人生も、来世の境遇も決定される。

タイとミャンマー

タイ（Kingdom of Thailand）

正式名称はタイ王国。一九三九年まではシャム国と呼ばれていた。国民の九五％が上座部仏教徒。穏やかで優しく楽観的な人が多い国民性から「微笑みの国」と呼ばれる。怒らないことや慈しみを教える仏教の影響も大きいと思われる。仏教は国教とは定められていないが、タイ国憲法第一〇条には、国王は「仏教徒であり且つ宗教の保護者」であると明記されている。植民地支配を受けることなく独立を護り続けた東南アジア唯一の国。精霊をピーと呼び、ピー信仰もタイ国民に広く浸透している。

輪廻転生を描いた三島由紀夫の遺作『豊饒の海』第三巻の「暁の寺」の舞台でもある。最近医療用大麻が解禁されてにぎわっているが、もともとバックパッカーのハブとしての聖地。本書にも登場するが、バックパッカーから比丘になった人は結構多い。一人旅には、大学や宗教団体では学べない、野生の思考、強い知性を養う効果があるように思われる。

タイ古式マッサージ（Thai Traditonal Massage、タイ語でヌアボーラン Nuat phaen boran）

ブッダの直弟子ジーヴァカが創始者とされるタイ古式マッサージ。タイ伝統医療の一部として、寺院でも知識と技術が継承されており、タイ独自の施術法で、貧しい地域で職のない女性の職業訓練の役割も担ってきた。慈悲喜捨の四無量心をもって施術するようにと教えられている。「世界一気持ちのよいマッサージ」「二人でやるヨーガ」ともいわれる。かつては売春宿と混同されるなどのダークなイメージもあったが、タイ国保健省はタイマッサージの科学的研究や普及を推し進め、二〇一九年には「芸術、科学、文化を兼ね備えた伝統医療」としてユネスコ（国際連合教育科学文化機関）の無形文化遺産に登録された。二〇二二年にはタイ古式マッサージの技能を競う第一回世界大会が開かれ、なんと日本人（タイ人とのハーフ）が優勝した。筆者は二〇〇七年に首都バンコクでワットポー式のタイ古式マッサージを学んだので、簡単な施術なら施すことができるし、自分が疲れたときには受けに行って癒されている。最近は日本人の施術者も増えてきたが、個人的には陽気なタイ人のマッサージが好みである。

ミャンマー（Republic of the Union of Myanmar）

正式名称はミャンマー連邦共和国。一九八九年まではビルマ連邦と呼ばれていた。ミャンマーの現代史は複雑だが、おしなべていえば第二次大戦後の大半の期間は軍事政権に支配され、個人の自由は制限され、経済も停滞していた。二〇一一年にようやく民政移管がなされ、急速に市民生活に自由がもたらされ、経済的にも著しい発展をしはじめ、普通の国になるように思われた。私はこのような自由と発展の熱気あるミャンマーを訪れ、ミャンマー国民の布施を受けながら修行をすることができた。ところが、二〇二一年二月一日、軍事クーデターが起こされ、軍部が政権を奪取し、民主主義を求める者たちは徹底的に弾圧され、暴力が支配する自由のない社会に逆戻りしてしまった。

仏教国なのになぜ、という問いは絶えないが、ミャンマーでは比丘（出家僧）の地位が極めて高いため、民衆の側に立てば、二〇〇七年のサフラン革命（反政府デモ）のように国全体が動く。しかし今回は弾圧が強いためか目立った動きはみられない。ミャンマーの民主化運動指導者であるアウンサンスーチーは、二〇〇〇年代に軍事政権から科された自宅軟禁時にマハーシ系のヴィパッサナー瞑想をしていたことで知られる。

ミャンマーは世界有数の親日国であるが、このような悲惨な状況になってしまったのにもかかわらず、日本の国からの目立ったサポートが見えてこない。むしろ軍事政権を受け入れてしまっているように見えるのは残念でならない。微力ではあるが、恩返しの意味も込めて私は国際NGOを通じてミャンマーの貧しい子どもへの支援を行っている。

私たちはまず、ミャンマーの現状を知ることが必要である。そのための媒体として、「ミャンマー・ダイアリーズ」という映画はお薦めである。実写の映像を豊富に盛り込んだ半ドキュメンタリー映画であり、軍事政権下での一般市民の恐怖や苦悩が赤裸々に描かれている。天安門事件の時に戦車の銃口の前に一人で立ちはだかるひとや、ウクライナに侵略してきたロシアの兵士に説教するひとたちが報道されたが、ミャンマーにも同じように命を惜しまず勇気のある人たちがいたことが、映像に記録されていて、胸を打たれる。この映画は、二〇二二年の第72回ベルリン国際映画祭パノラマ部門でドキュメンタリー賞を受賞した。日本では、配給収益はミャンマー避難民の支援団体に寄付されるということなので、映画を見るだけでもミャンマーを少し支援することになる。

シーマー（sīmā 結界）

「境界」という意味で「結界」とも訳される。出家式や授戒などを行う領域を他と区別し、「戒場」「戒壇」などと呼ぶ。領域を示す目印として角などに結界石が置かれる。比丘たちが戒律を遵守しているかどうかを確認するパーティモッカ（pātimokkha）の儀式が行われる布薩堂と並んで、シーマ堂は寺院の最重要な建物の一つである。布薩堂とシーマ堂が同一の場合もある。ちなみに、筆者がリトリートを行っている山中湖村の法喜楽堂は、これを真似て四つの結界石を地中に埋めて結界が形成されており、法に従って修行する場所として守られ、悪人や見当違いな人が入れないようバリアをはっている。

信と信仰（サッダー saddhā）

ブッダは教えを盲目的に信じたり信仰することを勧めなかった。むしろ、何を信じるにしても権威に頼らず、自分で十分に確かめ、疑問があったら質問することをたびたび勧めている。ブッダが言ったことでさえ、役に立たないと確かめられたならその教えは捨ててよいと教えた。もしも十分に真理であると自分で確かめられたら、もはや努力して信じる必要はなくなる。太陽が東から昇るということは、何度も目撃して自分で確かめたら、わざわざ信じる必要はないのと同じである。真理だと知ったならば、信じているのではなく、確信しているのである。これがブッダが推奨した理解に基づいた澄み渡った信である。

教えを簡単に信じるなと説いているカーラーマ経はテーラワーダ仏教圏では有名である。日本人は権威のある人の情報や、科学的と説明されたもの、皆が信じているものを確認することなく無条件に信じやすい。ブッダは、このような受動的・盲目的な信仰では苦しみはなくせないと説いたのである。多くの宗教は信じることによって救われると説くが、ブッダの教えはこれとは明らかに異質なものであるため、仏教は宗教ではないという考えには妥当性がある。

舎利（サリーラ sarīra）

遺骨のこと。ブッダの遺骨を仏舎利という。チベット仏教では阿羅漢の舎利は宝石みたいになるという話もある。アジアだと白くなる。焼き方の工夫による違いではないかとも言われる。日本の仏教徒が超党派で建立した覚王山日泰寺（愛知県名古屋市）には、タイ王国ラーマ五世から寄贈された真正の仏舎利が安置されている。

ブッダの教え（ブッダ・ダンマ Buddha dhamma）

ブッダは私たちの苦しみを根本からなくすために必要な法（ダンマ）と、具体的な修行法を教えた。それは、四聖諦、中道、八正道、四念処、四正勤、四神足、五根、五力、七覚支、業と業果、縁起、三相、四無量心、四双八輩、三毒、三慧、三学、三宝……など、膨大な内容がある。そのなかでも、ブッダの教えを端的に語っているのが七仏通誡偈《しちぶつつうかいげ》と言われる有名な偈（ガーター）である。過去七代のブッダが全員同じことを言っていると言う。

Sabba pāpassa akaraṇaṃ-kusalassa upasampadā, Sacitta pariyodapanaṃ-etaṃ Buddhāna sāsanaṃ.

すべて悪しきことをなさず、善いことを行い、自己の心を浄めること、——これが諸の仏の教えである。（中村元訳「Dhammapada」183）

とてもシンプルな教えである。捕捉をすれば、どんなに知識が多くても、頭が良くても、人々に称賛されても、美しい容貌であっても、お金持ちで高い地位を得ていても、神秘体験をしても、超能力があっても、立派な儀式に参加しても、神様を信じても、心と言葉と行動において悪い行為をし、心が汚れていれば、苦しみはつきまとうということである。逆に言えば、心と言葉と行動において悪い行為をせず、善い行為を積み重ね、心が清らかであれば、世間的な意味では何ももっていなくても、最高の幸せを手にできるということである。それは出世間の無上の幸せである。

ブッダの教えと実践を知るための参考書籍

【パーリ聖典（原始仏典）】

『ブッダの真理のことば・感興のことば』中村元［訳］（岩波文庫）

『ブッダのことば：スッタニパータ』中村元〔訳〕（岩波文庫）
『ブッダ最後の旅：大パリニッバーナ経』中村元〔訳〕（岩波文庫）
『仏弟子の告白』中村元〔訳〕（岩波文庫）
『尼僧の告白』中村元〔訳〕（岩波文庫）
『原典訳 原始仏典』（上・下）中村元〔編〕（ちくま学芸文庫）
『阿含経典』（全三巻）増谷文雄〔編訳〕（ちくま学芸文庫）
『原始仏典Ⅰ 中部経典』Ⅰ～Ⅳ巻、中村元監修『原始仏典Ⅰ 長部経典』Ⅰ～Ⅲ巻、『原始仏典Ⅱ 相応部経典』第一巻～第六巻、『原始仏典Ⅲ 増支部経典』第一巻～第八巻、中村元〔監訳〕（春秋社、刊行継続中）
『パーリ仏典 第1期1～6 中部（マッジマニカーヤ）』『パーリ仏典 第2期1～6 長部（ディーガニカーヤ）』『パーリ仏典 第3期1～9 相応部（サンユッタニカーヤ）』片山一良〔監訳〕（大蔵出版、継続刊行中）
『南伝大蔵経』（全65巻70冊）高楠順次郎〔監訳〕（大蔵出版）
「アラナ精舎経典ライブラリー」(https://sites.google.com/view/arana-tipitaka/) ※正田大観氏による経蔵全訳

【参考図書】

『ブッダのことば　パーリ仏典入門』片山一良［著］（大法輪閣）

『ブッダの実践心理学　アビダンマ講義シリーズ』（全8巻）アルボムッレ・スマナサーラ、藤本晃［著］（サンガ新社）

『大念処経　ヴィパッサナー瞑想の全貌を解き明かす最重要経典を読む　初期仏教経典解説シリーズ』アルボムッレ・スマナサーラ［著］（サンガ新社）

『本当の仏教を学ぶ一日講座　ゴータマは、いかにしてブッダとなったのか』佐々木閑［著］（NHK出版新書）

「法と律、そして修行実践：初期仏教およびテーラワーダ仏教に関連するテキスト」（https://dhammavinaya.jp/）※初期仏教に関する論文、小論、エッセイなどが無料でダウンロードできる。

「菩提樹文庫」（http://bodaijubunko.sakura.ne.jp/2paauk.htm）※多くが無料配布されているパオ・セヤドーの著作の日本語訳がアップされている。

「動画講座のご案内」（http://houkiraku.com/pg343.html）※初期仏教やダンマ／セラピーに関連する著者の解説動画がある法喜楽庵内のページ（無料・有料）。

参考文献

第1部　ミャンマー編

アヌルッダ、水野弘元訳（二〇一三）『アビダンマッタサンガハ：南方仏教哲学教義概説』仏教書林中山書房
石川勇一（二〇一二）「トランスパーソナル心理療法としての修験道：修行の心理過程と修験道療法」トランスパーソナル心理学／精神医学、第12巻第1号、四九―七二頁
石川勇一（二〇一四）『スピリット・センタード・セラピー：瞑想意識による援助と悟り』せせらぎ出版
石川勇一（二〇一六）「アマゾン・ネオ・シャーマニズムの心理過程の現象学的・仏教的研究」トランスパーソナル心理学／精神医学、第15巻第1号、六二―八六頁
石川勇一（二〇一六）『修行の心理学：修験道、アマゾン・ネオ・シャーマニズム、そしてダンマへ』コスモス・ライブラリー
石川勇一（二〇一九）『心を救うことはできるのか：心理学・スピリチュアリティ・原始仏教からの探求』サンガ
石川勇一（二〇二一）「縁起の法とその活用：修行、人生、心理療法における因と縁」トランスパーソナル心理学／精神医学、第20巻第1号、一―一五頁
藏本龍介（二〇一八）「ミャンマーにおける出家者の開発実践の変遷と行方」『日本文化人類学

会第52回研究大会要旨集』日本文化人類学会
片山一良訳（二〇〇二）『パーリ仏典 第1期6　中部（マッジマニカーヤ）後分五十経篇 II』大蔵出版
中村元訳（一九八四）『ブッダのことば：スッタニパータ』岩波書店
中村元監訳（二〇〇四）『長部経典III』春秋社

第2部　タイ編

石川勇一（二〇一六）『修行の心理学：修験道、アマゾン・ネオ・シャーマニズム、そしてダンマへ』コスモス・ライブラリー
石川勇一（二〇一九）『心を救うことはできるのか：心理学・スピリチュアリティ・原始仏教からの探求』サンガ
石川勇一（二〇二〇）「初期仏教の比丘出家修行における集団の機能：『無関心のなかで生きる』ということ」人間性心理学研究第38巻第1号、九七－一一一頁
片山一良訳（二〇一八）『パーリ仏典 第3期8相応部（サンユッタニカーヤ）六処篇II』大蔵出版
村上真完、及川真介（一九八五）『仏のことば註（一）：パラマッタ・ジョーティカー』春秋社
中村元訳（一九七八）『ブッダの真理のことば・感興のことば』岩波書店
中村元訳（一九八四）『ブッダのことば・スッタニパータ』岩波書店

ワチラヤーン著、落合隆編訳（二〇一四）『テーラワーダ仏教の出家作法』中山書房仏書林
伊矢野美峰（二〇〇四）『修験道：その教えと秘法』大法輪閣
中村元監修・前田專學編（二〇一二）『相応部経典 第二巻』春秋社
中村元監修・森祖道・浪花宣明編（二〇〇五）『中部経典Ⅳ』春秋社

付録――ブッダの教えを正しく理解するための基本用語解説

水野弘元（一九七二）『仏教要語の基礎知識』春秋社
パーリ学仏教文化学会上座仏教辞典編集委員会編（二〇一六）『上座仏教辞典』めこん
雲井昭善（一九九七）『新版パーリ語佛教辞典』山喜房佛書林
野中耕一訳（二〇一二）『ポー・オー・パユットー仏教辞典（仏法篇）』サンガ
蓑輪顕量監修（二〇一四）『別冊サンガジャパン①実践！仏教瞑想ガイドブック』サンガ

略語

DN Dīga Nikāya（長部経典）
KN Khuddaka Nikāya（小部経典）
MN Majjhima Nikāya（中部経典）
SN Samyutta Nikāya（相応部経典）

あとがき

ミャンマー、タイ、そして日本での拙い修行体験を長々と綴ってきました。ここまでじっくりと読んでくださった方は長くお付き合いいただきありがとうございました。私がブッダの瞑想修行に打ち込むことができたことは、つくづく幸せなことだったと思っています。正しい修行に専念できるほど恵まれたことはありません。修行には苦しみや努力ももちろんありますが、ある程度のラインを突破すると、それを遥かに凌駕する大きな喜びがあり、楽があり、安堵がありました。私の恵まれた修行体験から、皆さまの心に響くものがあれば幸いです。もしも自分もブッダの修行をしてみたいと思われたら、準備を調えて、ぜひ実行してください。人生はいつまで続くか誰にも分かりませんし、思ったより短いものです。善いことは好機を見逃さずに行動に移すことが大切です。人生は無意味なことでとても忙しいので、修行をしない理由を見つけることは簡単です。しかし、言い訳ばかりをして生きるほど虚しいことはありません。本当に意味のあることを見つけたら、あとはやろうと心に決断すれば、きっと機会は得られるでしょう。

ミャンマーとタイでの修行を終え、日本で過ごしているあるとき、私の心にはふと次のような想いが湧いてきました。「生まれる前に今回の人生でどうしてもやろうと決めてきたことは達成した」と。この想いが湧くと、ふっと身体の力が抜けて、喜びに満たされました。半世紀近くも私を大きく突き動かしてきた心の深いところから湧き上がってくるエネルギーが、目的の成就によって変容したような気がするのです。エネルギーが弱くなったのではありません。むしろ強くなり、なおかつ安定した柔らかいエネルギーに変わりました。この感覚は、日が経つにつれて、より確かなものになってきています。私たちの心は、表層意識だけでは捉えられず、深層の意識や高層の意識、過去生からの課題を引き継いでおり、そして人間界以外の無数の生命とのつながりの中で生かされています。そしてそれぞれの生命は自分がなした善悪の業を背負って生きています。こうした生命の大きな網目と流動のなかで、宇宙の普遍法則であるダンマを知り、ダンマに即して生きていくならば、結構充実して生きていけると実感しています。今回の人生の目標を達成したことで、ちょうど夏休みの宿題をすべておわって開放感に浸っている子どものような心境で、残りの人生を過ごせるのではないかと思っています。もちろん、解脱して涅槃に到達したわけではありませんので、まだまだ学ぶべきことはたくさんあります。しかし、宿題は片付けてしまったので、気楽に楽しくやれそうな気がしています。その果実は、ご縁のある人に分かち合いたいと願っています。そしてそのことは、私の人生の充実にもなりますし、来世に向けての準備にもなると思っています。

本書に登場するすべての出家修行者の方々、在家修行者の方々、ミャンマーやタイでお世話になった方々、肉体をもつ存在ももたない存在も含めてすべての生命に感謝します。同じ山梨県民でありの随時ダンマについて深い示唆を私に与えてくださる貴重な法友である井上ウィマラ氏と望月清男氏に心から感謝します。今回の著作も熱意をもって丁寧に編集してくださったサンガ新社の川島栄作さんに感謝します。すべての読者の皆様の心に法の種が蒔かれますように。その種を育て、芽を出し、花を咲かせ、豊かな実を結ぶことを体験できますように。ダンマを心の軸として、拠り所として、灯火として生きることによって、私たちが幸せでありますように。心の汚れが取り除かれますように。苦しみがなくなりますように。修行が成就しますように。無上の法灯が日本にも広がりますように。

合掌

石川勇一　いしかわ・ゆういち

一九七一年、神奈川県相模原市生まれ。現在、山梨県山中湖村在住。行者（修験道、初期仏教）。臨床心理士、公認心理師、相模女子大学人間社会学部人間心理学科教授。日本トランスパーソナル心理学／精神医学会前会長。早稲田大学人間科学部卒、早稲田大学大学院人間科学研究科卒。

大学では「臨床心理学概論」「ソマティック心理学概論」「宗教心理学」「心理療法演習」「ソマティック演習」「心理実習」「ゼミナール」「卒業研究」等の科目を担当。

心理療法、瞑想、ダンマを統合した独自のダンマ・セラピーを実践・研究。病院心理カウンセラー（精神科、心療内科）、大学学生相談員等を経て、現在、法喜楽庵（心理相談室）・法喜楽堂（瞑想修行道場）代表（http://houkiraku.com/）。心理療法を二五年以上、瞑想会・リトリートを一五年以上実践。

修験道（熊野）、アマゾン・ネオ・シャーマニズム（ブラジル）、上座部仏教短期出家（ミャンマー、タイ）等の修行を経て、初期仏教に基づく独自の修行・研究・臨床実践を行う。

主な著書に『心を救うことはできるのか：心理学・スピリチュアリティ・原始仏教からの探求』（サンガ／［新装版］サンガ新社）、『修行の心理学：修験道、アマゾン・ネオ・シャーマニズム、そしてダンマへ』（コスモス・ライブラリー）、『新・臨床心理学事典：心の諸問題・治療と修養法・霊性』（コスモス・ライブラリー）、『スピリット・センタード・セラピー』（せせらぎ出版）、『心理療法とスピリチュアリティ』（勁草書房）など。

ブッダの瞑想修行

ミャンマーとタイでブッダ直系の出家修行をした心理学者の心の軌跡

二〇二三年十月一日　第一刷発行
二〇二三年十一月十日　第二刷発行

著　者　石川勇一
発行者　佐藤由樹
発行所　株式会社サンガ新社
〒九八〇－〇〇一二　宮城県仙台市青葉区錦町二丁目四番一六号八階
電話　〇五〇－三七一七－一五二三
ホームページ　https://samgha-shinsha.jp/

印刷・製本　創栄図書印刷株式会社

Printed in Japan
ISBN978-4-910770-52-9